KB122933

나를 울린
한국전쟁 100장면

미군의 네이팜탄 공격으로 부상당한 여인들이 응급구호소에 모여 있다. 젤리화한 가솔린을 사용하는
네이팜탄은 한국전 기간중 미군이 최초로 사용하였는데 그 파괴력과 살상력은 가공할 만한 것이었으며,
수많은 화상 피해자들이 속출했다. 이들은 손을 전혀 쓸 수가 없어 군용담요를 뒤집어 씌우고
붕대로 묶어 놓았다. 수원, 1951. 2. 4.

나를 울린
한국전쟁 100장면

-내가 겪은 6·25전쟁-

글 | 김원일·문순태·이호철·전상국
사진 편집 | 박도

S. SGT. SNODERLY─ 1st MARINE DIVISION, KOREA

눈빛

박도

1945년 경북 구미에서 태어나다. 고려대학교 국문학과를 졸업하다. 한국작가회의 회원이다. 33년간 교단생활 뒤 지금은 원주에서 글쓰기에 전념하고 있다. 작품집에는 장편소설 『사람은 누군가를 그리며 산다』『약속』, 산문집 『비어 있는 자리』『일본 기행』『안홍 산골에서 띄우는 편지』『그 마을에 살고 싶다』『로테르담에서 온 엽서』 등이 있고, 역사유적답사기 『항일유적답사기』『누가 이 나라를 지켰을까』『영웅 안중근』『백범 김구 암살자와 추적자』 등이 있다. 이밖에 엮어 펴낸 사진집으로 『지울 수 없는 이미지 1·2·3』『나를 울린 한국전쟁 100장면』『한국전쟁·II』『사진으로 엮은 한국독립운동사』『일제강점기』『개화기와 대한제국』 등 다수가 있다.

나를 울린 한국전쟁 100장면
- 내가 겪은 6·25전쟁

글 | 김원일·문순태·이호철·전상국
사진 편집 | 박도

초판 5쇄 발행일 —— 2017년 6월 23일

발행인 —— 이규상

편집인 —— 안미숙

발행처 —— 눈빛출판사

　　　　　서울시 마포구 월드컵북로 361 이안상암2단지 506호

　　　　　전화 336-2167 팩스 324-8273

등록번호 —— 제1-839호

등록일 —— 1988년 11월 16일

편집·디자인 —— 정계화·이자영·고성희

출력 —— DTP 하우스

인쇄 —— 예림인쇄

제책 —— 대신문화사

ISBN 978-89-7409-162-0

값 18,000원

머리말

역사의 진실을 찾는 소명으로

1950년 6월 25일 한국전쟁이 일어날 당시, 나는 여섯 살 난 소년이었다. 그해 여름은 유난히 길고도 무더웠다. 하늘에서는 전투기의 굉음과 폭격 소리로, 산과 들에서는 멀리서 가까이서 들려오는 대포 소리와 기관총 소리로 귀청이 멍멍했다. 논이나 밭, 들길에는 뽕나무 채반에 누에처럼 널브러진 시체들, 전투기들의 융단폭격으로 온전한 건물 하나 없이 온통 폭삭 주저앉은 도시와 마을 …, 이런 장면들이 또렷하게 또는 희미하게 여태 기억 속에 남아 있다.

2004년 2월 2일, 나는 워싱턴 근교 메릴랜드 주 칼리지 파크에 있는 미국 국립문서기록보관청(NARA, National Archives and Records Administration) 5층 사진자료실에서 'Korea War' 파일을 들추다가 무릎을 쳤다. '바로 이것이다' 하고서. 여기에는 한국전쟁의 실상이 고스란히 담겨 있었다. 산길 들길 아무 데나 지천으로 흩어져 있던 시체 더미들, 쌕쌕이(전투기)들이 염소똥처럼 마구 쏟아 떨어뜨리는 포탄, 포화에 쫓겨 가재도구를 등에 지거나 머리에 이고 허겁지겁 뛰어가는 피란민 행렬,

배만 불룩한 아이가 길바닥에 버려진 채 울고 있는 장면, 흥남 부두에서 철수 수송선에 오르지 못해 발을 동동 구르는 모습, 유엔군들이 다급한 나머지 군복을 입은 채 그대로 바다로 뛰어 들어가서 수송선에 오르는 모습, 끊어진 대동강 철교 위로 꾸역꾸역 곡예하듯 남하하는 피란민 모습, 괴나리봇짐을 이고 진 피란민들이 어린 아이를 앞세우고 꽁꽁 언 한강을 건너는 모습, 부산 영주동 일대의 판자촌, 수원역에서 남행 기차를 하염없이 기다리는 피란민들 ….

순간 나는 이 사진들을 가져다가 우리나라 사람, 특히 한국전쟁을 잘 모르는 이들에게 보여주고 싶었다. 다행히 자료실에서 스캔은 허용된다고 하여, 재미동포의 도움을 받으며 40여 일간 수십만 매의 사진자료를 들춰 그 가운데 480여 매를 엄선하여 복사해 왔다. 귀국 후 곧장 사진전문 눈빛출판사에서 『지울 수 없는 이미지』라는 제목으로 사진집을 펴냈다. 이 사진집이 나오자 언론들이 대서특필하고, 독자들의 호응도 컸다. 나는 뜻밖의 성원에 아카이브(국립문서기록보관청)에서 미처 들춰 보지 못한 사진들이 눈에 어른거려, 다시 지난 2005년 11월 27일에 워싱턴행 비행기에 올랐다. 1차 방미 때 곁에서 도와주신 박유종 선생(임시정부 박은식 대통령 손자)이 다시 소매를 걷어 주셨다. 12월 10일까지 10여 일 동안 매일 아침 가장 먼저 아카이브에 출근해서 마지막 퇴근자로, 자료실을 샅샅이 뒤져 모두 770여 매의 한국전쟁 사진을 입수해 와서 『지울 수 없는 이미지·2』를 엮었다. 이 사진집들은 영구보존용 양장본으로 제작비가 많이 들기에 고가라 일반대중이 쉽게 구입하기 어렵기에 출판사측과 상의하여 1, 2차 수집 사진 1천2백여 매 가운데 1백 장면을 엄선하고, 여기에 선배 문인들이 몸소 겪은 한국전쟁 체험담을 담는 대중용 포토에세이를 엮기로 하였다.

나와 박유종 선생은 아카이브 5층 사진자료실에서 하루에도 수만 장의 사진을 열람했다. 자료실의 사진 상자를 들출 때마다 수십 년 묵은 먼지를 마시는 고통도 있었지만, 지난 역사를 반추하는 즐거움도 있었다. 15, 6세의 애송이 북한군 포로가 심문당하는 장면은 그가 교실에서 장난치다가 교무실로 불려 와서 담임선생에게 야단맞는 개구쟁이처럼 보였고, 포로수용소 천막 막사 앞에서 유엔군 포로 감시병이 이를 박멸하고자 포로들의 온몸에 디디티(DDT)를 뿌리는 장면은 '믿거나 말거나'라는 프로를 보는 듯했다. 포로 중에는 남자뿐 아니라, 여자도 이따금 눈에 띄었다. 단발머리 앳된 소녀가 'POW'라고 쓴 낡은 군복을 입은 채 천막 막사 앞에 서 있는 모습은 볼수록 어울리지 않는 차림으로 처절해 보였다.

　국군·북한군·유엔군·중공군 가릴 것 없이 전사자의 시신들이 가을 낙엽처럼 나뒹구는 장면도 숱하게 많았고, 전주·진주·대전·함흥 등지의 끔찍한 민간인 학살자 사진도 종종 발견되었다. 그 시신들이 철사로 꽁꽁 묶인 채 누워 있는 장면 앞에서 나와 박유종 선생은 깊이 묵념을 드렸다. 이런 참혹한 학살 사진들은 대부분 가해자에 대한 정확한 기록이 없었다. 이런 학살에 어느 편도 자유롭지 못할 것이다. 전쟁은 멀쩡한 사람도 야수로 만들기 때문이다. 아마도 그 시신들의 영혼은 아직도 구천에서 헤매고 있으리라.

　사진더미 속에는 이따금 감동적인 장면도 있었다. 전란으로 교실이 불타 버려 운동장에서 수업을 받는 한 소녀가 동생을 무릎에 앉힌 채 공부하는 장면과, 다 쓰러져 가는 초가집 처마 아래에서 두 소녀가 정답게 이야기하는 장면은 마치 한국인의 저력을 보는 것 같아 기분이 매우 좋았다. 사진 속의 소년 소녀들은 남루한 차림이지만, 그들의 해맑은 표정과 미소야말로 폐허더미에서 한강의 기적을 이룬 원동

력이 아니었을까? 내가 본 사진 가운데 가장 감동적인 장면은 한 남정네가 병든 아내를 지게에 지고 피란을 떠나는 장면(1950. 9.)으로 아름다운 부부애의 극치였다. 그 사진을 찾고는 그 성스러움에 한동안 눈을 떼지 못했다.

1950년 한국전쟁은 세계사에 가장 비극적인 전쟁이었다. 그것은 한 형제간 이편 저편이 되어, 심지어는 한 사람이 남에서 북에서 총을 들고 동족간 총부리를 겨누었던 골육상쟁의 전쟁이요, 반세기가 지난 지금까지도 끝나지 않은 휴전 상태이기 때문이다. 워싱턴 기념탑 옆 한국전쟁 전몰자 위령비에 새겨진 전사자 수는 미군 5만4천여 명, 유엔군 62만여 명, 부상 미군 10만여 명, 유엔군 1백만여 명, 실종 미군 8천여 명, 유엔군 4만7천여 명으로 자유진영 전체 사상자가 2백만 명에 가깝다. 공산진영의 북한군과 중공군 전상자 수는 이보다 훨씬 더 많은 350만여 명이라고 하니, 한국전쟁으로 희생된 사상자는 어림잡아 5백만 명은 넘을 것이다.

우리나라의 자료를 다른 나라에 가서 찾는다는 것은 아이러니다. 하지만 그게 현실이다. 한국의 귀중한 자료는 국내보다는 미국·일본·러시아·영국·중국 등지에 더 많이 있다. 고대사는 중국에, 근대사는 일본에, 근현대사 자료는 미국·러시아·영국·중국·일본에 산재돼 있다. 우리나라의 자료를 다른 나라가 더 많이 소장하고 있다는 것은 단적으로 지난날 우리의 국력이 그만큼 약했기 때문이라고 볼 수도 있지만, 다른 한편으로는 우리나라가 기록을 중요시하지 않은 탓도 있고, 있는 자료조차도 역사의 진실을 왜곡하거나 은폐하기 위해 훼손한 일도 없지 않았다.

"기록하는 자가 앞서 간다"는 말은 진리다. 선진국일수록 기록에 철저하다. 아무리 기억력이 좋아도 기록을 능가할 수는 없다. 고려 때 청자를 빚었던 도공은 기록을 남기지 않았기에 그 비법이 끊어지고 말았다. 진실한 기록, 한 장의 사진은 역사의 물줄기를 틀기도 한다. 현명한 백성들은 조상이 남긴 기록을 보고 시행착오를 범하지 않는다. 기성세대가 다음 세대에게 해야 할 가장 큰 책무는 역사의 진실을 찾아 남기는 일이다. 외람되지만 나는 이런 소명으로 이 사진들을 찾아와서 이 책을 엮었다.

한국전쟁을 몸소 겪은, 평소 존경하는 김원일·문순태·이호철·전상국 선생의 생생한 한국전쟁 체험담은 사진자료라는 비단에 수를 놓는 증언으로, 이 책이 더욱 값진 한국전쟁 비망록이 되도록 해주었다. 네 분 선배 문인들에게 심심한 사의를 드리며, 두 차례나 헌신적으로 도와주신 재미동포 박유종 선생, 늘 깨어 있는 눈빛으로 현대사 사진자료 복원에 정성을 다하는 눈빛출판사 이규상 대표와 편집부 직원들이 고생한 보람이 있기를 충심으로 기원드린다.

2006년 6월
박도

지뢰를 밟아서 갈기갈기 찢어진 군화. 이 신발의 주인은 아마
사고 즉시 이 세상을 떠났을 듯하다. 1952. 7. 5.

차례

1

미국과 소련은 한반도를 분단시킨 두 힘이다. 그리고 그 분단에 의해서 남한과 북한은 각기 미·소를 주축으로 하는 두 세계체제에 편입되었다. 따라서 두 체제간의 모순은 한반도에서 남한정권과 북한 정권 및 미국(일본)과 소련(중국)의 대결 또는 협상에 따른 기복을 보이면서 전개된다. 6·25전쟁은 남북 분단의 필연적인, 그리고 가장 비극적인 귀결이면서 동시에 분단 상태의 극복을 위한 노력이었다고도 할 수 있다. 그러나 그 노력은 그 목표의 당위성은 차치하고라도 수단의 그릇됨으로 인하여 그후 더욱 더 비극적인 영향을 남기는바, 세계체제간 대립구도의 완화도 한반도에서의 남북대립 완화로 직접 연결될 수 없을 만큼 남북의 적대관계는 심화되어 오늘에 이른다. | 김현수 정리, 「전후 세계체제의 변화와 한반도」, 송건호·박현채 외 지음, 『해방 40년의 재인식·1』, 돌베개, 1985, 30쪽

어떻게 보더라도 미국의 한국 점령은 실패라고 볼 수밖에 없다. 미국은 30여 년간의 잔인한 식민통치로부터 막 벗어난 한반도의 비극적인 분단을 고착화시켰으며, 인민위원회 등을 통해서 나타난 주민의 자연스러운 정치 참여를 막았으며, 경찰과 관료들을 장악하고 있던 우익 세력들의 입지를 강화시켜 주었다. 또한 미국의 정책은 좌우익간의 대립을 심화시켜 결국은 5년 후의 한국전쟁으로 치닫게 했던 것이다. | 존 메릴 지음, 이종찬·김충남 편역, 『새롭게 밝혀낸 한국전쟁의 기원과 진실』, 두산동아, 2004, 48쪽

"한국인은 미군을 환영한다"는 게시판을 한 미군이 바라보고 있다. 인천, 1945. 9. 16.
오른쪽, 장갑차를 탄 미군들이 서울로 진입하고 있다. 1945. 9. 8.

전재산이 달랑 보따리 세 개뿐인 한 가족이 남북한을 구분하는 경계선에서
미군 경비병과 마주쳤다. 영어와 러시아어로 씌어진 표지판이
해방 후의 현실을 말해 주는 듯하다.

2

1950년 6월 25일 일요일 아침, 38선에서 울려 오는 대포 소리를 듣고 잠을 깬 미군은 오직 한 사람 뿐이었다. 한국군 제1사단 제12연대의 부관 고문 조셉 R. 대리고 대위였다. 그는 개성 동북방 근처 의 숙소에 있었다. 잠이 덜 깬 채 침대에 누워서 귀를 기울였다. 그날은 비가 내려 들리는 소리가 마치 천둥 소리 같았다. | 페렌 바하 지음, 안동림 옮김, 『한국전쟁』, 현암사, 1976, 51쪽

1950년 6월 25일.
낮 때쯤 하여 밭에 나갔더니 가겟집 주인 강군이 시내에 들어갔다 나오는 길이라면서 오늘 아침 38전선에 걸쳐서 이북군이 침공해 와서 지금 격전중이고, 그 때문에 시내엔 군인의 비상소집이 있 고 거리가 매우 긴장해 있다는 뉴스를 전하여 주었다. | 김성칠 지음, 『역사 앞에서』, 창작과비평사, 1993, 55쪽

유엔군 포병부대가 적진을 향해 맹렬히 포격을 가하고 있다. 1951. 6. 9.

미 공군 전투기가 원산 시가지를 폭파하고 있다. 원산, 1951.
오른쪽, 유엔군이 흥남철수작전 완료 후 부두를 폭파하고 있다. 흥남, 1950. 12. 24.

유엔군의 폭격은 지상, 해상, 공중에서 밤낮없이 계속되었다. 사진은 동해안에서 유엔군이
북녘 땅을 향해 함포사격을 하고 있는 장면이다. 흥남, 1950. 12. 24.
오른쪽, 유엔군이 야간에 적진을 향해 로켓포를 발사하고 있다. 1953. 4. 15.

삼팔선을 돌파한 국군과 유엔군이 태극기와 성조기를 단 선도차를 앞세우고
평양 시내로 진입하고 있다. 1950. 10. 25.

[24]

미 해병대 장병이 전투 후 폐가가 된 농가에서 휴식을 취하고 있다. 1951. 9. 24.

중공군의 참전으로 후퇴하던 유엔군이 추위와 졸음에 지쳐 쉬고 있다.
그때의 추위와 졸음, 눈보라는 적보다 더 무서웠다고 한다. 1950. 11. 29.

미 제7사단 17연대 장병들이 한중 국경지대인 혜산진 압록강 둔치에 진지를 구축하고
중국 쪽을 바라보고 있다. 열흘 뒤 중공군의 참전으로 국군과 유엔군은 이곳에서
철수해야 했다. 1950. 11. 21.
오른쪽, 중공군의 남진으로 38선 이남으로 퇴각하는 유엔군 차량들. 1951. 1.

건물이 불타면서 연기가 하늘에 자욱하고 파편들도 거리에 가득하다.
서울을 탈환한 유엔군들이 앞장선 탱크를 따라가고 있다. 1950. 9.

호주 시드니 출신의 윌리엄 해밀턴 일병이 스탈린과
김일성의 초상화를 향해 경기관총으로 사격 연습을 하고 있다.

38선에서 약 11.2킬로미터 가량 올라간 양양에서, 국군 부대가 건물에 붙어 있던
공산주의 선전문들을 뜯어내 불태우고 있다.

서울에서 겪은 인공치하 석 달

김원일 소설가

1

이 원고를 청탁하며 눈빛출판사에서 『지울 수 없는 이미지』란 묵직한 사진집 한 권을 보내 주었다. 한국전쟁 당시의 참혹한 현장을 생생히 증언해 주는 기록 사진이었다. 사진집 중간에 있는 '학살 편'의 수십 장 현장 사진을 보며 나는 울었다. 인간이 인간을, 더욱 동족이 동족을 어떻게 이렇게 대량으로 처형할 수 있었을까를 직시하자 아닌 말로 모골이 송연했다. 어린 나이였지만 그런 시대를 내 세대는 살았다.

문단에 나온 지 40년 동안 나는 30권 정도의 소설을 썼다. 그중 많은 분량이 한국전쟁 전후를 다룬 소설이다. 왜 끈질기게 그토록 오랫동안, 많은 분량을 그 시대의 진실을 밝히기 위해 매달려 왔을까? 여러 이유가 있겠으나 먼저 할 수 있는 말은, 내게 평생 지울 수 없는 상처가 피멍으로 남아 있기 때문일 것이다. 전쟁에 대한 이미지는 끊임없는 욕구로 내 창작의 샘을 파게 했던 것이다.

2

나는 일제 말 태평양전쟁이 한창 치열할 때인 1942년, 경남 김해시 진영읍에서 태어났다. 내가 태어나기 전부터 사회주의 운동에 헌신했던 아버지는 1945년 8월 해방을 맞자 부산형무소에서 석방되었다. 집을 비운 채 동분서주하며 남로당 경남도당 부위원장으로 지하 암약했던 아버지는 당의 소환을 받아 1948년 단신으로 서울에 올라갔다. 남로당 중앙당이 궤멸 상태에 직면하자, 중앙에 얼굴이 잘 알려지지 않은 아버지가 필요했다고 짐작된다. 우리 식구는 1949년 봄, 아버지의 부름을 받아 상경했다. 충무로4가 네거리에 있던 변압기, 발전기 따위를 판매하던 영진공업사 건물 뒷마당에 있던 다세대주택 함석집 방 한 칸에 식구는 짐을 풀었다. 그 결과 나는 인공치하 석 달을 서울에서 겪게 되었다.

전쟁이 나고 서울에 북한군이 들어오자 아버지는 지하활동을 중단하고 성동구 인민위원장을 거쳐 남한 점령지를 총괄한 서울시당 재정경리부 부부장으로 지상에 나타났다. 당시 나는 영희초등학교 2학년으로, 일곱 살이었다. 지금도 나는 그 당시 상황을 어제 겪었듯 소상히 기억하고 있다.

1950년 6월 25일 일요일 새벽에 전쟁이 터졌다. 그날 서울운동장에는 전국고교 야구대회가 열리던 날이었다. 26일 낮, 비행기 한 대가 굉음을 지르며 낮게 스쳐 가더니 포탄 한 개를 떨어뜨리는 걸 보았다. 길 건너 이층집이 폭삭 내려앉았고, 길가 전선주가 쓰러졌다. 북한군 비행기는 그때 한 번 유일하게 보았고 그 다음은 볼 수 없었다.

27일 밤, 우리 식구는 영진공업사 건물 지하 방공호에 숨어 있었다. 우리 식구 외에도 세 가족이 함께 방공호에 피해 있었는데 모두 지하 남로당에 적을 둔 집안 식구들이었다. 영진공업사 자체가 남로당 아지트였다. 모두들 밤 내도록 벽을 뚫고 들어올 듯한 총소리와 포탄 터지는 소리에 뜬눈으로 밤을 새웠다.

28일 새벽녘이 되어서야 총소리가 잠잠해져 나는 살그머니 지하실을 빠져나왔다. 충무로 네거리 코너에 영진공업사가 있었기에, 나는 정적에 잠긴 텅 빈 네거리로 나서 보았다. 총소리가 귓전을 스쳤고, 길 건너 미명 속에 총을 든 여러 그림자가 휙 지나쳤다. 처음 본 북한군들이었다. 아침밥 한술 뜨고 거리로 나갔다가 을지로 쪽에 와자한 함성이 터져 그쪽으로 달려가 보니 서울에 입성한 북한군의 시가행진이 벌어지고 있었다. 탱크를 앞세우고 행진하는 북한군들이 인도에 몰려나와 만세를 부르고 박수를 치는 시민들에게 손을 흔들어 보였다. 홍안의 소년병도 섞여 있음을 보았다. 집으로 돌아오는 길에 보니 구멍가게가 포탄에 박살나 길가에 사탕이 흩어져 있어 주머니가 차도록 사탕을 주워 담았다.

그 이튿날인가, 확실치는 않지만 오랜만에 아버지가 집에 나타났다. 행색 남루하고 텁수룩한 남자들이 여럿 와서 아버지에게 무릎 꿇어 연방 머리 조아리더니, 김 동지 고맙다며 우는 걸 보았다. 뒤에 안 일이지만 서대문형무소에서 풀려난 '사상범'이었다. 서대문형무소의 죄수들을 석방하기 전, 그 출신성분을 선별할 때 아버지가 관여해, 그 고마움을 표하려 집으로 찾아온 '동지'들이었다. 그날 이후 56년이 지난 오늘까지 나는 아버지를 볼 수 없었다. 북에서 연락부 대남사업 책임지도원으로 활동하다 1976년 금강산 부근 서광사 요양원에서 폐결핵으로 사망했다는 소식만 풍문으로 들었다.

28일 새벽, 서울 점령에 앞서 북한군 선발대가 먼저 들이친 곳이 서대문형무소였다. 남로당 최고지도부 3인 중, 김삼룡과 이주하가 형무소에 수감되어 있어 그들을 구출하기 위해서였다. 그러나 남로당 거물급들은 26일에 이미 처형된 후였다. 김삼룡은 시신마저 찾을 수 없어 미스터리로 남았는데, 몇 년 전 신문 귀퉁이에서 관련 소식을 확인할 수 있었다. 26일 김삼룡 및 몇몇은 형무소에서 별도로 끌어내 남산에서 처형해 묻어 버렸다는 것이다.

시청 광장에서 열린 서울 해방 환영대회에 구경나갔다 광화문 앞길을 지나가며 낮은 돌기둥 담장 안, 풀밭에 앉아 있던 일군의 추레한 사람들도 보았다. 그들 중에는 여자들도 섞여 있었다. 제주도 4·3사건에 연루되어 마포형무소에 갇혔다 석방된 자들이었음을 훗날 알게 되었다. 제주도가 하루빨리 해방되어야 고향으로 돌아갈 수 있는데 낯선 서울 땅에서 그때까지 어떻게 버티어내느냐는 걱정으로 수심에 차 있던 모습이었다.

3

인공치하 석 달을 서울에서 살며, 나는 후방의 전쟁 상황을 많이 목격했다. 7월 중순부터 시작된 미군 비행기의 공습이 대단했다. 처음 한동안은 창공에 비행기가 뜨면 공습 사이렌이 길게 울렸으나, 비행기들이 서울 하늘을 점령하다시피 떠 있고 시도 때도 없이 폭격을 해대자 사이렌 소리는 울리지 않았다. 대여섯 대씩, 어떤 때는 열 대가 넘는 비행기들이 나타나 기총소사를 쏟아붓고 포탄을 주르르 떨구곤 사라졌다. 서울은 차츰 잿더미로 변해 갔다. 북한군이 남한 어디까지 해방시켰는지 지도까지 그려 넣은 뉴스판이 거리 담벼락에 자주 바뀌어 붙여졌다. 영진공업사 앞 길거리에는 부서진 북한군 탱크가 한 대 방치되어 있었는데, 동네 아이들에게는 그 탱크가 훌륭한 놀이터였다. 당시 충무로 길은 포장되지 않은 상태로 장충동 빨래터까지 구불구불 이어져 있었다.

학교가 징발당하자 피란을 못 간 초등학교 학생들은 방학 때임에도 교회에 매일 등교해야 했다. 북에서 내려온 여선생이 공부를 가르쳤는데, 특히 북의 노래를 많이 배웠다. 오후에는 열지어 거리로 나가 비행기 폭격으로 무너진 건물의 차도를 점령한 벽돌더미를 치우는 일을 했다. 비행기가 나타나면 재빨리 건물 안으로 숨었다. 용산에 있던 저유소와 탄약저장창이 항공 공격을 받아 낮 내도록 폭발음이 들렸고, 부상당한 시민들이 피를 흘리며 업혀서 남산을 넘어오는 걸 보았다. 그날 남산 위 하늘이 검은 연기로 덮였는데, 그 연기 탓은 아니겠지만 저녁이 되자 비가 내렸다.

8월에 접어들자 야간 공습이 특히 심했다. 어둠이 내리면 일체 불을 밝힐 수 없고 창문을 가릴 수도 없었다. 저녁밥도 해 지기 전에 지어서 먹어 치워야 했다. 밤에는 미군 정찰기가 서울 하늘을 점령했다. 민청에서 집집마다 나누어 준 스탈린과 김일성 초상화를 방 벽에 붙여 놓아야 했는데, 밤에는 정찰기에서 내쏘는 탐조등 불빛이 그 초상화 위를 훑고 지나가는 것을 본 적도 있다. 어느 날 밤, 가까이에서 포탄 터지는 소리가 들리고 우리 집 함석지붕 위까지 날아온 돌조각이 쏟아졌는데, 이튿날 나가 보니 있던 집은 간데없고 큰 웅덩이가 패여 있었다. 이웃 사람들 말이, 그동안 징집을 피해 숨어 있던 장정이 피란길에 나서기 전 밥을 지어 먹다 그 불빛이 비행기에 들켜 포탄을 맞았다고 했다.

피란 못 간 서울 시민도 입에 풀칠은 해야 했다. 화원시장에 나가 보면 사람 떼거리로 시골 대목장을 방불케 했다. 집에 있는 온갖 것을 갖고 나와 난전에 펼쳐 놓고 팔았다. 사람들은 양식감과 푸성귀를 구하려 혈안이 되었다. 청계천 쪽으로 나갔다가 청계천 바닥에 걸레처럼 던져져 있는 시체도 숱하게 목격했다. 사람 목숨이 파리 목숨이었던 때인지라 옆집 사람이 폭격을 맞고 죽어도, 그러려니 했지

놀라지 않았다. 우리 식구와 북한군 입성 전날 밤 영진공업사 지하실에 피해 있었던 가족들은 양식 걱정 없이 지낼 수 있었다. 충분한 양의 배급을 받았던 것이다. 어느 날 내무서원이 아버지가 보내라 해서 가져왔다며 큼직한 옷보퉁이를 던져 놓고 갔다. 서울 거주 미국인 집에서 나온 옷가지들인지 모두 미제였다. 나는 그때 처음으로 어린이용 청바지를 입어 보았다. 호주머니가 많았던 게 신기해 기억에 남아 있다.

내가 보고 겪은 인공치하 석 달의 서울 시민들 삶을 나는 소설 『불의 제전』에 사실 그대로 썼다. 1천4백 매 정도로, 일곱 권 중 한 권을 차지하는 분량인데 전쟁이 난 해 1월부터 10월까지, 고향 진영과 서울·평양이 소설의 무대이다.

4

9월 29일 국군의 서울 수복 전후 우리 식구가 당한 소설 같은 극적인 상황 역시 『불의 제전』에 그대로 그렸다. 연합군과 국군의 인천상륙작전 성공이 9월 15일이다. 거리상으로 보아 이틀이면 서울로 진입할 수 있는데 서울 탈환에 14일이나 걸렸다. 그만큼 서울 사수에 임한 북한군의 저항이 완강했던 것이다. 북은 낙동강 전선에서 철수한 전 병력을 서울 사수에 투입했다. 아버지는 구로 지역 방위선 후방부 부책임자였고, 책임자는 서울시 당위원장 김응빈이었다. 인천에서 서울 진입은 한강인도교(파괴된 상태였지만 당시 한강에 걸린 교량은 이것밖에 없었다) 쪽 돌파가 정면이었는데, 국군과 연합군은 정면 공격에 실패했다. 병력을 두 갈래로 나누어 한 쪽은 지금의 성산대교 지점 신촌을 향해, 한 쪽은 지금의 잠실대교 지점 왕십리 방향이었다. 독립문 부근, 안산 공격과 방위는 결사적이어서 사흘간 공방전으로 산은 온통 쌍방의 시신으로 뒤덮였다.

28일에야 서울 외곽이 뚫렸고, 29일에 국군이 중앙청에 태극기를 꽂을 수 있었다. 14일 동안 북한군은 북으로 가져갈 것, 불태워 없앨 것, 잡아 둔 우익인사의 처형, 납북인사의 북 송환을 끝냈다. 노래에도 있듯 북으로의 이동로는 미아리쪽 아리랑고개였다. 인공치하 석 달 동안 음으로 양으로 북에 협조했던 사람들도 후퇴하는 북한군에 줄을 대 식구 이끌고 따라나설 수밖에 없었다. 중앙청에 꽂힌 태극기를 구경하려 동무들과 세종로로 나가 보니 지금의 이순신 장군 동상에서부터 중앙청 정문까지, 중앙청 지하실에서 끌어낸 시신들이 길 가운데 이층 높이의 피라미드 꼴로 쌓여 있었다.

나는 29일 그날을 잊을 수 없다. 북한군의 전세가 기울고 있음을 하루하루마다 피부로 느끼는데 아버지는 나타나지 않았다. 피란 준비를 해 놓고 집에서 기다리면 차를 가지고 가겠다는 아버지의 연락을 받은 지도 며칠이 지났다. 만약에 무슨 일이 생기면 왕십리에 있는 누구네 집을 찾아가라는 쪽지도 전달해 주었다.

29일 아침이었다. 마당에서 총소리가 들려 식구들이 놀라 우르르 나가 보니 놀랍게도 남산 쪽에서 내려왔음이 틀림없을 무장한 흑인 병사 몇이 뭐라고 소리치며 손짓을 해댔다. 다 나오라는 손짓이었다. 다세대주택 사람들이 모두 마당으로 나오고, 이웃 구경꾼들이 울을 쳤다. 흑인 병사 하나가 지붕으로 올라가더니 드르륵 총을 갈겼다. 짐을 꾸리느라 그랬는지 행동이 굼떴던 노인이 다리에 피를 흘리며 절뚝걸음으로 마당을 나섰다. 빨갱이 집을 미리 알고 덮친 모양이라며 이웃 누군가가 어머니를 보고 어서 피하라고 소곤거렸다. 우리 식구는 챙겨 놓은 짐을 가져올 짬도 없이 한길로 나섰다.

4월에 태어난 막내를 업은 어머니와 초등학교 5학년인 누나와 나, 다섯 살배기 아우(현재 계명대 교수이며 소설가인 김원우)가 숨 가쁘게 뛰어 을지로4가로 내려오니 이미 5가 쪽에서 국군이 밀려들고 있었다. 거리를 막아 모래 부대로 바리케이드를 쌓은 뒤에서 북한군은 기관총질을 하고 있었다. 시가전이 한창 벌어지는 현장으로 우리 식구들이 뛰어든 꼴이었다. 부서진 건물 처마 밑을 거쳐 을지로5가 쪽으로 뛰어갈 때 맞은편에서 총을 쏘며 오던 국군이 민간인은 골목길로 피하라고 소리쳤다. 미군은 보이지 않았고 국군 해병대가 전위를 맡고 있었다. 스탈린과 김일성 초상화를 가운데 비치하여 소나무 가지로 장식해 세워 놓은 개선문 형의 아치가 불타고 있었다. 우리 식구는 골목길을 피해 가며 왕십리로 뛰었다.

　그날 정오로 서울 사대문 안에 북한군 자취는 사라졌고 국군과 연합군에 의해서 평정되었다. 이튿날, 어머니와 누나가 꾸려 둔 짐을 찾으려 충무로 집에 다시 가 보니 이웃 사람들 말이 이랬다. 우리 식구가 피한 직후 흑인 병사들은 사라졌고, 뒤이어 아버지가 스리쿼터를 타고 집으로 들이닥쳤다고 했다. 그러나 이미 우리 식구가 없었다. 상황이 다급해진 아버지가 탄 스리쿼터는 그 길로 창경원 쪽으로 급히 사라졌다고 했다. 아버지는 마지막 철수 팀을 지휘했던 모양이었고, 당시 서울 시내 전투 상황은 혼전중이었다. 십여 분 사이로 우리 식구는 갈렸고, 아버지가 단독 월북함으로써 이산가족이 되었다. 후일담이 되겠는데, 1951년 1·4 후퇴로 서울이 다시 북한군 수중에 들어갔을 때, 서울에서 아버지를 본 사람이 있었다고 했다. 아버지는 그해 봄 유격대를 조직하여 경북 일월산 부근까지 내려와 후방 투쟁을 하다가 1952년 월북했다고 알려졌다. 이런 저간의 부친 활동과 별

세 소식은 1998년 어떤 경로를 통해 확인할 수 있었다.

5

　우리 식구는 왕십리 어느 집 문간방에서 10월 하순까지 견뎌냈다. 충무로 집에서 가져온 옷가지 등 지닌 물건들을 시장에 내다 팔아 양식을 조달했다. 동사무소와 청년방위대 사람들이 우리 식구를 두고 어디에서 살다가 왔냐며 뒤를 캐자 어머니는 아버지를 더 기다리기를 포기하고 환고향을 결정했다. 전선은 북쪽으로 멀리 올라갔고 추위가 닥쳐오고 있었다. 누나와 내가 먼저 길을 나서기로 했다. 옷을 두터이 입고 주먹밥 몇 덩이를 싸서 들고 서울역으로 나섰다. 서울역 광장은 난장판이었다. 수복된 서울로 올라오는 피란민, 인공치하 석 달을 서울서 살아남아 뒤늦게 피란길에 오른 사람들로 북새통이었다. 서울역에 도착한 기차에는 지붕 위까지 사람들이 빼곡히 타고 있었다. 누나와 나는 만리동 쪽으로 빠져 개구멍을 통해 역 구내로 들어갔다. 하룻밤을 노천에서 새우잠을 잔 끝에 하행하는 무개차(석탄이나 목재 따위를 실어 나르는 뚜껑 없는 열차 칸)에 올랐다. 피란민들로 발 딛을 틈이 없었다. 이윽고 기차가 천천히 출발했다.

　검은 연기를 토하며 기차는 칙칙폭폭 아주 느린 속도로 달리다 쉬다 했다. 철로가 끊어진 지점이나 장애물이 앞을 가로막고 있을 때는 몇 시간 보수를 하고 다시 출발했다. 사람들은 기차가 정거한 틈을 이용해 무개차에서 내려 용변을 보거나 개울을 찾아 나서 지닌 들통에 물을 길러 왔고, 주위의 밭에서 버려진 배춧잎이나 무 뿌리를 캐내어 오기도 했다. 그러다 기차가 기적 한 번 울리곤 털컹하며 갑자기 출발할 때도 있었다. 그렇게 되어 먹거리를 구하려고 차에서 내린 식구를 놓치는 가족도 있었다. 애통하는 가족에게 옆 사람이, 명이 길면 어디서든 살겠고 입 하나 덜지 않았냐며 위로하기도 했다.

전쟁으로 농사조차 짓지 못한 들판은 황량했고, 더러 철길 가에 버려져 있는 시신을 보기도 했다. 한데라 밤이면 추위가 살을 저몄다. 누울 자리조차 없으니 누나와 나는 꼭 안고 하늘에 뜬 별빛을 바라보며 서로의 체온으로 밤을 났다. 가장 고통스럽기는 기차가 굴속으로 들어갈 때였다. 석탄의 힘으로 가는 증기기관차가 뿜어내는 매연 탓이었다. 기차가 속력이 늦은데다 아무리 코를 막아도 스며드는 석탄 매연을 참을 수 없어 모두 기침을 쏟아내며 어질머리를 앓았다. 굴이 길 때는 그 매연에 질식하고 마는 갓난애와 병약한 노인도 있었다. 석탄 껌정을 얼굴에 덮어써서 사람들은 모두 깜둥이가 되었으나 먹을 물도 귀한 판에 세수할 물이 따로 있을 리 없었다.

싸가지고 온 주먹밥은 하루를 넘겨 떨어졌는데 기차는 겨우 대전 부근을 통과하고 있었다. 부산이 종착역이었으나 누나와 나는 삼랑진에서 하차해 진주선으로 갈아타야 했다. 삼랑진에서 낙동강 철교를 건너면 낙동역, 한림정역을 지나면 고향 진영역이었다. 배고픔을 참을 수 없었다. 기차가 멈추면 뛰어내려 물부터 찾았고, 먹는 풀이든 뭐든 뜯어서 씹었다. 나흘째 맞은 아침에야 기차가 밀양을 출발했는데, 고장이 났는지 경부선에서는 가장 길다는 밀양 굴속에서 멈추어 버렸다. 사람들은 캑캑거리다 도저히 매연을 참아낼 수 없어 모두 기차에서 내렸다. 깜깜한 어둠 속에서 앞만 보고 뛰었다. 겨우 굴에서 나온 사람들은 기진해 쓰러진 채 기차가 굴을 빠져나오기를 기다렸으나 누나와 나는 삼랑진까지 걷기로 했다. 사십 리쯤 걸어 삼랑진역에 도착할 동안 배추 뿌리도 캐어 먹고 민가로 찾아들어 구걸도 했다.

삼랑진역에 도착하니 철교를 미군이 지키고 있어 일체 민간인 통행이 허락되지 않았다. 하류로 한 마장을 내려가 강가 민가에서 겨우 밥을 얻어먹고 하룻밤을 났다. 작은 거룻배를 가진 분이 우리 남매를 불쌍히 여겨 낙동강을 건네주었다. 거기서부터 진영까지는 삼십 리가 넘었다. 누나와 나는 철길 따라 하루 낮을 꼬박 걸어 저녁에야 진영 장터거리 친척집에 허기로 지쳐 쓰러지기 전에 가까스로 도착할 수 있었다. 서울에서 내려오며 그때 굶주린 기억은 그후 오랫동안 잊혀지지 않았다. 어머니와 두 남동생은 11월 중순에야 진영에서 다시 만날 수 있었다. 그후 우리 식구가 겪은 고난에 얼룩진 삶의 모양새는 장편소설 『마당 깊은 집』에 소상히 썼다.

인천상륙작전중 월미도 갯벌을 통과한 미 해병대원들이 사다리를 이용해
뭍으로 올라서고 있다. 1950. 9. 14.
오른쪽, 유엔군이 소형 함정을 타고 원산에 상륙하고자 항구로 다가가고 있다.
1950. 10. 25.

[44]

신병훈련을 마치고 전방으로 떠나는 아들의 무운장구를 비는 어머니. 대구, 1950. 12. 18.
오른쪽, 자그마한 산을 뒤덮은 위문공연 현장의 국군 장병들. 1952. 4. 2.

중공군들이 횡성지구 전투에서 적진을 향해 돌진하고 있다. 1951.

3

포로로 유엔군에 붙들린 우리는 유엔군, 국군에게 약간의 심문을 받고 대동강 선교리의 쌀 창고에 처넣어졌다. 수십 개의 창고마다 약 8백 명씩이 우글우글하였다. 내 번호가 3001630이니 얼마나 많았는지 알 만한 일이다. 시멘트 바닥에 가마니를 이불 삼아 덮고 잤다. 그후 1·4후퇴 무렵에 인천의 소년형무소로 옮겨지고, 다시 부산의 가야수용소를 거쳐서, 거제도에 가서 2년 8개월을 있었다(북한군 포로 이성실의 증언, 당시 24세). | 안천 지음, 『남침유도설 해부』, 교육과학사, 1994, 369쪽

휴전회담에 영향을 미쳤던 포로 문제는 유엔 감시하에 있는 포로들이 어떻게 대우받고 있으며, 그들에게 자유로운 선택권이 있는지의 여부에 관한 문제로 모아졌다. 1951년 2월 17일에 북한은 '한국인과 중국인 포로에 대한 학살'을 자행한 미국을 비난하였다. 첫번째 포로수용소 반란이 1951년 6월 거제도에서 발생했는데, 그것은 주로 조악한 식사에 대한 불만에 기인하였다. 리지웨이의 사령부 요원은 1951년 말까지 유엔 감시하에 있는 포로 중 6천6백 명이 사망했다고 폭로하였다. 6천6백 명의 사망은 기본적으로 그들이 유엔 포로수용소에 이송된 당시부터 이미 쇠약한 상태였기 때문이라고 공식 발표되었다. 그러나 대부분의 사망은 기아로 인한 것이며, 일부는 치료 부족에 기인한 것이었다. 그리고 많은 사람들이 폭력에 의해 사망했다. 따라서 전체적인 문제의 핵심에는 폭력이 존재하고 있는 것이다. | 브루스 커밍스·존 할리데이 지음, 차성수·양동주 옮김, 『한국전쟁의 전개과정』, 태암, 1989, 145쪽

논에서 발각된 한 북한군이 해병대원들에게 포위된 채 들것에 오르고 있다.
주머니 속에서는 한때 그의 전리품이었을 미국제 시계와
라이터 등이 발견되었다. 1950. 8.

그는 튼튼하고 마음씨 고운 이웃마을 처녀한테 중매를 넣어
청혼을 했고, 곧 성사가 되어 혼인잔치를 해서 세 분 웃어른한테
큰 기쁨을 주었다. 다음해 아들까지 낳고 내외가 합심해 농사에
힘을 쓰니 그가 샛골에 뿌리내리리라는 건 누가 보기에도
의심할 나위가 없었다. 만약 6·25사변만 없었던들 그는 샛골에서
상봉하술, 다복하고 늠름한 농사꾼 노릇에 자족하며 늙어 갈 수도
있었을 것이다. 그 여름의 난리는 그의 첫아들의 돌도 되기 전에
휘몰아쳐 왔다. 그는 일찌감치 의용군을 지원했다.
— 박완서 장편소설, 『미망』, 문학사상사, 1992

두 북한군 전사가 투항하고 있다.
강원 횡성, 1951. 2. 24.

유엔군이 북한군 패잔병들을 생포하고 있다.
안양, 1950. 9. 22.

[54]

월미도에서 체포된 북한군 병사들.
체포 후 옷을 전부 벗겨 검색하고 있다. 1950. 9. 20.

서부전선에서 체포된 중공군들이 자신들을 사살할 것으로 오인해
살려달라고 애원하고 있다. 1951.
오른쪽, 서울을 탈환한 유엔군들이 북한군 패잔병들을 체포해 호송하고 있다.
서울, 1950. 9.

[56]

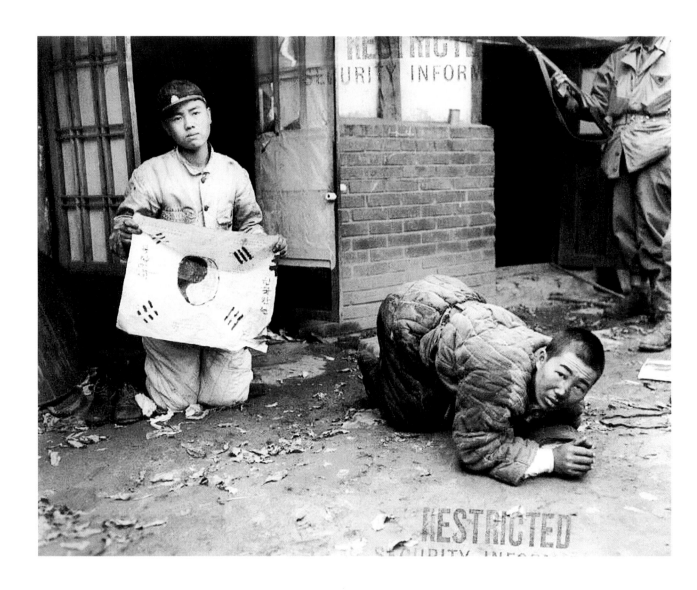

자기가 그린 태극기를 들고 살려 달라고 애걸하는 학생과 엎드려 있는 북한군 병사.
평양, 1951. 10. 21.

[58]

국군 헌병이 북한군 낙오병을 체포하고 있다.

1950. 7. 5.

북한군 소년병 포로가 미 조사관에게 심문을 받고 있다.
가운데 앉아 있는 여성은 통역이다. 1950. 8. 18.

북한군 포로들이 새 옷이 지급되기를 기다리고 있다. 이들은 목에 모두
인적사항이 적힌 목걸이를 걸고 있다. 인천, 1950. 10. 2.

두 명의 북한군 포로. 심문을 기다리고 있는 두 사람의 표정에서
그들의 복잡한 감정이 읽힌다. 1950. 8. 5.

임시 포로수용소의 단발머리 북한군 여자 포로.
부산, 1951. 1. 12.

국군 병사들이 세 명의 북한군 포로를 지프로 호송하고 있다. 대전, 1950. 10. 18.

여성 부역자들. 이 여성들과 아이들은 전란기 첫해에 부역 용의자로 미군에게 억류됐다.
이들의 표정에는 경멸, 희망, 불안과 초조 또는 체념이 뒤섞여 있다. 1950. 10. 18.

포로수용소 포로들의 몸에 디디티(DDT)를 살포하고 있다. 거제도, 1952. 5.
오른쪽, 거제도 포로수용소의 중공군 포로들이 철조망 안에서
따뜻한 봄볕을 즐기고 있다. 1953. 3. 20.

유엔군 포로들이 반전 플래카드를 들고
시가지를 행진하고 있다.
서울, 1950. 8.

[68]

시가행진중인 미군
포로들. 서울, 1950. 8.

골짜기마다 떠도는 고혼들

문순태 소설가

　　구리철사 같은 햇살이 쨍쨍하게 내리꽂히는 한여름 대낮이었다. 할머니를 비롯하여 아버지 어머니 나와 동생, 이렇게 다섯 식구가 마루에 둘러앉아서 늦은 점심으로 삶은 감자를 먹고 있을 때였다. 내가 두 개째 감자껍질을 벗겨 입에 넣는 순간, 붉은 별을 붙인 그물모자에 카키색 제복을 입은 사내 두 명이 사격자세로 따발총을 들고 대문 안으로 성큼 들어섰다. 이때, 감자를 먹다 말고 아버지가 벌떡 일어서며 두 손을 머리 위로 번쩍 들어 올리셨다. 이를 본 할머니와 어머니 그리고 동생도 아버지를 따라 손을 들고 일어섰다. 볼따구니가 터지도록 한 입 가득 감자를 문 채 잔뜩 겁에 질린 나는 입 안의 것을 엉겁결에 꿀떡 삼키느라 캑캑거리며 한바탕 기침을 쏟아냈다. 그때 내 옆구리를 어머니가 발로 툭 차셨다. 빨리 일어나라는 신호였다. 그때서야 나는 가까스로 기침을 참으며 엉거주춤 엉덩이를 빼고 일어섰다. 이렇게 우리 식구는 감자를 먹다 말고 손을 들고 일어서며 6·25를 맞았다. 그날은 우리 마을에 더 이상 아무 일도 없었다. 그리고 그해 여름은 그렇듯 뜨겁고도 불확실한 시간 속에서 느린 템포로 흘렀다. 내가 6·25를 맞은 고향은 전남 담양군 남면 구산리고, 남면남초등학교 5학년 때였다.

삽화 1. 파나마모자의 죽음

내가 본격적으로 전쟁의 비극적인 고통과 슬픔을 체험한 것은 여름이 끝나 갈 무렵이었다. 해마다 6월이 오면, 나는 그해 여름에 목격했던 끔찍한 사건의 핏빛 기억이 악몽처럼 되살아나곤 한다. 열두 살의 나는 사람이 사람을 죽이는 현장을 목격했다. 총소리가 골짜기 마을을 쥐흔들곤 하던 여름의 끝자락. 우리 마을에는 카키색 제복에 따발총을 멘 무리들이 머물러 있었다. 그날 나는 친구와 함께 논둑에서 뙈기를 치며 새를 쫓고 있었다. 볏짚으로 댕기머리를 따듯 두어 발 정도 기다랗게 따서 만든 뙈기를 허공에 돌렸다가 휘둘러 치면 총소리처럼 딱 소리가 났고, 참새들은 이 소리에 놀라 멀리 날아갔다.

정오 무렵, 마을 앞 둑길로 중년 남자가 천천히 주위를 살피며 지나가고 있었다. 짙은 밤색 바지에 흰 모시 티셔츠를 새뜻하게 차려입고 베이지색 파나마모자를 쓴 그 남자는 스틱으로 풀섶을 툭툭 치며 평화롭게 걷고 있었다. 그가 물방앗간 앞을 지나고 있을 때, 총 멘 사내들 너댓 명이 점벙점벙 냇물을 건너오더니 다짜고짜 느티나무 밑으로 끌고 갔다. 그의 호주머니에서 회중시계, 궐련, 라이터, 가죽지갑 외에 기차표가 나왔다. 키가 작달막한 뱁새눈이 발길로 파나마모자의 아랫배를 냅다 걷어차며 정체를 물었다. 파나마모자는 겁에 질려 동복에 있는 처가에 갔다가 집에 돌아가는 길이라고 말했다. 그러자 옆에 있던 다른 사내들까지 합세하여 장작개비로 후려쳤고 파나마모자는 피투성이가 된 채 버르적거리며 비명을 질러댔다.

그날 오후 느지막이 사내들은 파나마모자를 끌고 점백이네 고추밭으로 갔다. 파나마모자에게 구덩이를 파도록 했다. 그가 땡볕 아래서 흐느적거리며 구덩이를 파는 동안 사내들은 오동나무 그늘 밑에서 담배를 피우고 낄낄대고 웃어대며 잡담을 하고 있었다. 구덩이를 다 파자 그들은 파나마모자를 죽였다. 파나마모자는 자신이 판 구덩이에 묻혔다. 집으로 돌아오던 나는 자꾸 눈물이 났다. 그후 나는 한동안 악몽에 시달렸다.

지금도 나는 문득문득 파나마모자와 뱁새눈이 떠오른다. 파나마모자는 55년이 흐른 지금도 이름조차 없이 점백이네 고추밭에 묻혀 있다. 그의 가족들은 누구이며 어디에 살고 있는지, 오목가슴이 아리도록 안타까울 따름이다. 6월이 되면 파나마모자에 대한 악몽이 되살아난다. 악몽이 사라지지 않는 한 나의 6·25는 아직 끝나지 않은 것 같다.

삽화 2. 마을이 불타던 날

그 무렵 내 또래 아이들은 밤마다 횃불을 밝혀 들고 줄을 지어 뒷산에 올랐다. 우리는 산에 오르면서 「아침은 빛나라 이 강산 …」이나 「장백산 줄기줄기 …」 같은 노래를 불렀다. 산에 올라가서는 봉화를 피우고 만세를 불렀다. 그 일은 가을걷이가 시작될 때까지 계속되었다. 어느 사이엔가 따발총을 든 카키색 제복이 사라지자 한동안 보이지 않았던 경찰들이 돌아왔다. 그 무렵 낮에는 경찰들이 진을 쳤고, 밤에는 산사람들이(빨치산을 산사람, 밤손님이라 불렀다) 마을로 돌아와 밥을 지어 달라고 하여 먹거나 식량을 가져가곤 했다. 산사람들이 마을에 나타난 다음날에는 어김없이 경찰들이 몰려와서 밥을 해준 사람들을 붙잡아 갔다. 낮과 밤의 세상이 서로 달랐으며 마을 사람들은 양쪽으로부터 시달림을 당해야만 했다. 지서에 붙들려 간 사람들은 걸을 수 없을 정도로 고문을 받았고, 성한 마을 사람들이 초주검이 된 이들을 지게에 짊어지고 오기도 했다. 그런가 하면 밤에 나타난 밤손님들은 마을 남정네들한테 식량을 지워서 산으로 데려가기도 했다.

낮 세상과 밤 세상 사이에서 시달리게 된 마을 사람들은 하루하루 살아가기가 살얼음판을 딛는 듯했다. 단 한순간도 생과 사를 예측할 수가 없었다. 그러던 어느 날, 아버지가 내게 잠깐 동안만 외가에 가 있으라고 하셨다. 우리 집안에 손이 귀한데다가 내가 10대 종손인 터라, 가족이 함께 있다가 몰살을 하게 되면 대가 끊기게 될지도 모르니, 세상이 좋아질 때까지 동생과 나를 따로 떼어 놓기로 한 것이리라. 외가는 우리 마을에서 6킬로미터쯤 떨어진 곳에 있었다. 외가에 가자면 큰 산모퉁이를 세 번이나 돌아야만 했다. 쑥실 마을을 지나, 첫번째 산모퉁이 늙은 소나무 밑에는 이름 없는 담살이(꼬마 머슴) 무덤이, 두번째 모퉁이에는 물이 시퍼런 소(沼)가, 세번째 모퉁이에는 하늘을 가린 음습한 아카시아숲이 있었다. 도깨비가 살 것 같은 세번째 모퉁이를 돌 때가 제일 무서웠다.

이른 아침을 먹고 혼자 길을 떠난 나는 점심 때 무렵에야 외가 마을인 화순군 북면 맹리에 도착했다. 외할머니는 나를 보자 이 난리통에 왜 혼자 왔느냐면서 깜짝 놀라셨다. 그런데 내가 도착한 그날 오후부터 외가 마을 건너편 갈전 쪽에서 총소리가 마른 땅에 소나기 퍼부어대듯 어지럽게 들려왔다. 총소리가 들리자 외가 식구들은 큰 방에 모여 앉아 이불을 뒤집어쓰고 엎디었다. 총소리가 멎고 한참 후에 갈전 마을에서 귀곡성처럼 처절한 울부짖음이 들려왔다. 외할아버지는 외할머니의 만류도 뿌리치고 갈전에서 무슨 일이 일어났는지 알아보고 와야겠다면서 장죽을 들고 집을 나서셨다. 외할아버지는 날이 어두워서야 넋이 나간 얼굴로 돌아오셨다. 갈전 사람들이 떼죽음을 당했다는 것이었다. 낮에 빨치산 복장을 한 사람들이 마을에 나타나서 자기네들은 북한군들이라면서 모두 인공기를 만들어가지고 나와서 북한군 만세를 부르라고 했단다. 아무것도 모르는 마을 사람들은 시키는 대로 나가서 만세를 불렀는데 갑자기 총격을 가해 왔다는 것이다. 그 일이 있자 나는 다음날 집으로 돌아와서 아버지한테 갈전에서 있었던 이야기를 해주었다. 우리 마을도 똑같은 일을 당할지도 모른다는 생각이 들었기 때문에 부랴부랴 집으로 돌아온 것이었다.

서리가 내리기 시작할 무렵, 공비 토벌대가 마을에 들이닥쳐서는 총부리를 들이대며 당장에 마을을 떠나라고 윽박질렀다. 우리 마을 무등산 뒷자락 유둔재에서부터 백아산까지가 공비토벌작전 지역이라서 주민들을 소개(疏開)시켜야 한다는 것이었다. 우리 마을에 소개령이 내린 것이었다. 마을 사람들은 이불이며 당장 갈아입을 옷가지 외에 솥, 밥그릇, 약간의 식량만을 챙겨서 집을 나섰다. 이삼일, 아니면 길어야 열흘 정도 지나면 다시 돌아올 수 있을 것이라고 믿은 마을 사람들은 갈무리해 둔 식량이며 세간들을 옴씰하게 그대로 둔 채 집을 나섰다. 그런데 고샅을 나와 마을 앞 하천의 노두를 건널 때 마을이 한꺼번에 무서운 불길에 휩싸이기 시작했다. 집집마다 불길이 치솟는 것을 본 마을 사람들은 솥이며 이불 보퉁이를 팽개치고 마을로 되짚어 뛰어갔다. 그러나 이미 불길이 무섭게 마을을 삼킨 뒤라 접근조차 할 수가 없었다. 70여 호 마을이 한꺼번에 불에 타는 모습을 보고 너무 놀란 아낙들과 아이들은 논바닥이며 풀섶에 퍼질러 주저앉고 말았다. 불길은 무섭도록 치솟아 하늘을 덮었다. 여기저기서 지붕이 내려앉으면서 불길과 검은 연기가 솟구쳤고 장독대 항아리 튀는 소리가 요란했다. 남자들은 넋을 잃고 불길을 바라보았고 아낙들은 땅을 치며 통곡했다.

그렇게 무서운 불길은 처음이었다. 보름날 밤에 피우는 가랫불만 봐도 가슴이 털컹거리던 나였는데 온 마을이 한꺼번에 불에 타고 있었으니 …. 나는 이날 세상이 모두 불에 타 버린 것만 같았다. 내가 아끼던 참나무 바퀴 달구지와 골방 시렁에 올려놓은 책들이며 고무줄 새총도 불에 타게 될 것이라는 생각에, 두려움 속에서도 마음이 아렸다. 마을 사람들은 집이 불타는 것을 보고 차마 발걸음이 떨어지지 않는 듯 불길이 잦아 든 후에도 발걸음을 옮기지 못했다. 토벌대가 총부리를 들이대지 않았던들 마을 사람들은 마을을 떠나지 않았을 것이었다. 이날 70여 호의 마을 사람들 중에서 50여 호는 떠나고, 20여 호 사람들은 코재 밑에 잠시 몸을 피했다가 토벌대가 사라지자 다시 마을로 돌아왔다. 마을에 남은 사람들은 벌거숭이가 된 몸으로 고향을 떠나 타향살이를 하기 싫었거나, 아니면 자식이 입산을 한 가족들이었다. 잿더미가 되어 버린 마을에 남은 사람들은 뒤란이며 텃밭이나 마당 귀퉁이에 토굴을 파고 살았다. 마을에 있으면 위험하다는 것을 알고는 뒷산자락에 토굴을 다시 팠다.

삽화 3. 떼죽음의 현장

우리는 날이 어두워지면 한곳에 모여 한살림하듯 함께 저녁을 지어 먹고 밤을 보냈다. 잿더미가 된 마당에 불을 피우고 남자들은 남자들끼리 여자들은 여자들끼리, 옹기옹기 둘러앉아 노루잠을 자며 밤을 새웠다. 마을이 불탄 후에도 밤손님들은 어김없이 찾아왔다. 입산해 있던 젊은 사람들이 부모를 찾아오는 일도 더러 있었다. 그들은 재 너머 고지(토벌대가 주둔한 곳) 마을로 보급투쟁(식량을 구하는 일을 그렇게 불렀다)을 나가고 들어갈 때 우리 마을을 중간 거점으로 이용

했다. 우리는 날마다 날이 밝기가 무섭게 토굴 속으로 숨어 들었다. 낮에는 고지 마을로 소개를 당한 마을 사람들이 돌아와 보리밭을 돌보거나 불에 타 버린 집터에서 성한 그릇들을 챙겨 가기도 했다. 그들은 긴 쇠창으로 불타 버린 집터를 쑤셔여 항아리에 묻어 둔 식량이며 김치들을 찾아가곤 하였다. 그러나 토굴 속에 숨어 있던 사람들은 웬일인지 소개당한 사람들의 눈에 뜨이지 않으려고 했다.

가끔은 우리 마을에서 토벌대와 빨치산 사이에 교전이 벌어졌다. 그런 날은 우리들은 총소리가 완전히 멎을 때까지 토굴 속에 숨어 있어야만 했다. 총소리가 멎은 후에야 토굴에서 슬금슬금 기어 나와 마을로 돌아왔다. 꼬박 사흘 동안 하늘이 무너져 내리기라도 한 듯 장대 같은 비가 쏟아지더니 눈부신 햇살이 화사하게 퍼졌다. 비가 오는 동안에는 총소리가 들리지 않았다. 그날, 오랜만에 햇살을 본 마을 사람들은 토굴로 들어가지 않고 마을에 남아 점심을 끓여 먹고 있었다. 우리는 일부러 연기가 나지 않는 청미래 덩굴이나 싸리나무를 모아서 불을 피우고 모처럼 따뜻한 점심을 지어 먹었다. 단 사흘 동안의 평화가 마을 사람들의 긴장을 느슨하게 풀어놓았는지 몰랐다. 점심을 먹고 있는데 뒷산에서 갑자기 총소리가 들리더니 토벌대가 구물구물 마을로 내려오고 있었다. 토벌대는 마을을 향해 일제히 집중 사격을 가해 왔다. 총탄이 쑹쑹 소리를 내며 날아와 감나무며 돌담, 마당에 꽂혔다. 마을 사람들은 혼비백산하여 뿔뿔이 흩어졌다. 우리 식구도 허겁지겁 마을 안 고샅 쪽으로 뛰다가 공동우물의 담 뒤에 숨었다. 그때서야 나는 아버지와 할머니가 보이지 않는 것을 알았다. 두껍다리 쪽에서 둔탁한 군화 발자국 소리와 함께 손들고 나오라는 금속성의 목소리가 총알처럼 고막에 박혀왔다. 간헐적으로 총소리와 함께 하늘을 찢는 듯한 비명이 들리기도 했다. 어머니와 나 동생, 이렇게 셋은 공동우물 담 밑에 머리를 처박고 붙들어 안은 채 오들오들 떨고 있었다. 그 순간만은 아버지 할머니 걱정도 없었다. 아래턱이 마구 떨리면서 위아래 어금니 부딪치는 소리가 마치 딱따구리가 나무를 쪼는 것처럼 들렸다. 얼마를 그렇게 떨었는지 마을 안이 무덤 속처럼 조용해지는가 싶더니 갑자기 두껍다리 쪽에서 통곡소리가 들려왔다. 이윽고 여기저기서 울부짖음과 통곡소리가 온통 마을을 흔들었다. 나는 직감적으로 사람이 죽었다는 것을 알 수 있었다. 나는 바짓가랑이를 붙잡는 어머니를 뿌리치고 우리 집으로 뛰어갔다. 아버지와 할머니가 보이지 않았다. 다시 뒷고샅으로 나오는데 할머니가 숨을 몰아쉬며 뛰어오다가 나를 발견하자 흐물흐물 땅바닥에 주저앉으셨다.

"다들 워디 있냐?"

"아부지는? 아부지 못 봤어?"

할머니와 내가 붙들고 안은 채 동시에 물었다. 할머니는 엉겁결에 아버지를 따라 뒷고샅 쪽으로 도망치다가 상여바위 앞에서 헤어졌다고 하셨다. 그 사이 어머니와 동생이 나타났다. 마을 여기저기서 통곡은 계속 이어졌고 아버지는 돌아오지 않으셨다. 우리 식구들은 아버지를 찾아 나섰다. 그날, 나는 토벌대의 총에 맞아 피를 흘리고 죽은 마을 사람들을 보았다. 그들은 마당이며 고샅, 동구 밖 느티나무 밑, 하천가 자갈밭에 피를 흘리며 죽어 있었다. 이날 우리 마을에서는 일곱 사람이 토벌대의 총에 맞아 죽었다. 공산주의와 민주주의가 무엇인지도 모르는 시골 할머니와 아낙들이 억울한 죽음을 당한 것이었다. 마을을 한 바퀴 돌고 집에 돌아와 보니 아버지가 와 있었다. 아버지는 할머니와 함께 도망치다가 총알이 날아오자 죽는가 싶어 대밭으로 뛰어들어 몸을 숨겼다고 하셨다.

삽화 4. 백아산으로

우리는 더 이상 고향 마을에 숨어 살 수가 없었다. 언제 토벌대가 다시 들이닥칠지 몰랐기에 마을을 떠나기로 했다. 우리는 백아산으로 향했다. 백아산은 우리 마을에서 보면 정상인 마당바위가 손에 잡힐 듯 회색빛으로 출렁여 보일 만큼 가까운 거리였다. 이름 그대로 백아산은 흰 거위가 날개를 펴고 앉아 있는 모습이었다. 백아산에는 전남유격대 총사령부가 주둔하고 있다고 했다. 우리 마을의 젊은이들 중 상당수가 백아산으로 입산을 했다. 내 또래 아이들의 우상이었던 N형도 P형도 일찍이 백아산으로 갔다. 우리들이 백아산으로 들어가야 살 수 있다고 주장한 사람들은 자식이나 가까운 친척이 입산을 한 가족들이었던 것 같았다. 우리 할머니도 한사코 백아산으로 가자고 성화셨다. 전남유격대 사령부가 있는 물골(수리)에는 우리 고모가 살고 있었기 때문이었는지도 몰랐다.

백아산까지 가는 동안 나는 너무 많은 시체들을 보았다. 발가벗겨진 채 비를 맞아서 배가 팅팅 부어오른 여자의 시체며, 나무의 중간쯤을 잘라 끝을 날카롭게 깎은 다음 죽은 사람의 항문으로부터 쑤셔 박아 살아 있는 사람처럼 꼿꼿하게 세워 둔 시체, 음부에 작대기를 꽂아 놓은 발가벗겨진 젊은 여자의 시체도 보았다. 개울가나 길가의 풀섶, 후미진 숲정이마다 시체가 있었다. 마을 어귀의 텃밭에도, 산자락으로 올라가는 밭이나 흙구덩이와 대밭에도 어김없이 시체가 썩고 있었다. 한번은 연기가 나지 않는 싸리나무를 꺾으러 갔다가 소나무에 등을 기댄 채 빳빳하게 앉아 있는 시체를 보고 질겁한 적이 있었다. 그후 백아산에 머물러 있는 동안에도 나는 많은 주검을 목격했다. 그때는 어렸지만 주검이 전혀 무섭지가 않았는데, 나이가 든 지금은 왜 이렇듯 무서운지 모르겠다.

우리는 백아산 초입 월곡에 잠시 머물렀다가 원리로 옮겼다. 그곳에는 유격대 광주부대가 주둔해 있었다. 그곳에서도 우리는 토굴을 파고 살았다. 그러나 고향 마을에서처럼 낮 동안 내내 토굴에 처박혀 있지는 않았다. 유격대를 통해서 토벌 작전이 언제 있을지 미리 정보를 알 수가 있었기 때문이었다. 폭설이 내린 한겨울 동안에는 토벌작전이 뜸해 비교적 여유로운 평화를 만끽할 수가 있었다. 우리는 원리에서 그해 겨울을 그렇게 보내고 봄을 맞았다. 개나리꽃이 찢어지게 피고 세상이 연둣빛으로 물들기 시작할 무렵, 춘계 토벌작전이 있을 것이라는 정보가 있었다. 그런데 전날 밤 나는 우리 식구가 붉은 흙탕물에 떠내려가는 꿈을 꾸었다. 꿈과 함께 토굴의 황톳빛이 자꾸만 떠올랐다. 부모님께 꿈 이야기를 했더니, 그날만은 토굴에 들어가지 말고 야산 골짜기로 피신을 하자고 했다. 해가 떠오르자 갈전 쪽에서 총소리가 짜글짜글 들려왔다. 총소리는 점점 가까워지고 있었다. 그날 백아산 초입 원리 부근에서는 종일 총소리가 멎지 않았다. 거뭇거뭇 땅거미가 깔리기 시작해서야 총소리가 멈췄다. 우리는 마을로 내려오는 길에 토굴에 들렀다. 그런데 토굴 앞에 탄피가 수북하게 깔려 있는 게 아닌가. 토굴 안으로 들어가 보았더니 그곳에 숨겨 둔 식량 자루에 총구멍이 숭숭 뚫려 있었다. 토벌대가 토굴을 찾아내 집중 사격을 가한 것이었다. 꿈이 우리 가족을 살려준 것이다. 지금도 그때 일을 생각하면 온몸의 피돌기가 멎는 기분이다.

개나리가 지고 북쪽 산에 진달래가 불길처럼 타오른 1951년 4월이었다. 소문대로 대규모의 토벌작전이 시작되었다. 토벌대는 새벽부터 사방에서 백아산을 포위해 왔다. 외곽을 지키고 있던 유격대들이 속속 패퇴하여 백아산으로 들어왔다. 마을에 있던 우리 가족도 다른 피란민들과 함께 새벽에 문재를 넘어온 토벌대를 피해 백아산 심장 깊숙이 들어갔다. 산 아래서는 토벌대가 계속 우리를 추격해 왔다. 사방에서 총탄이 날아왔다. 우리는 가시덤불 속을 뚫고 계속 도망쳤다. 얼마를 뛰었을까. 죽을힘을 다해 마당바위 밑 군부샘 가까이까지 쫓겨 올라갔다. 마당바위에 가면 유격대가 주둔하고 있을 것이라고 믿고 있었다. 그런데 땀벌창이 되어 헐근벌떡 마당바위 턱밑까지 올라와 위쪽을 쳐다보니 철모를 쓴 무리들이 우리를 향해 총을 겨누면서 올라오라고 손짓을 하는 게 아닌가. 그들은 빨치산 유격대가 아니라 토벌대였다. 그때서야 우리는 죽었구나 싶었다. 순간 아버지가 순식간에 몸을 돌려 산 아래로 뛰어 내려가셨다. 나도 냅다 바위 아래로 구르기 시작했다. 토벌대는 우리를 향해 사격을 해 왔다. 우리 가족은 총알을 피해 저마다 뿔뿔이 흩어지고 말았다. 잡목이며 으름덩굴이 우거진 골짜기까지 굴러 내려온 나는 집채덩이만한 바위 밑에 몸을 은신하고 숨을 돌렸다. 한참 후에 아버지가 얼굴이며 목 등 온몸이 가시에 긁혀 불긋불긋 핏발이 솟은 몰골로 내 앞에 나타나셨다. 한 시간쯤 기다려도 다른 식구들은 나타나지 않았다. 아버지와 나는 해가 설핏해서야 마을로 내려왔다. 어머니와 동생은 다음날 새벽에야 허수아비 같은 몰골로 마을에 나타났다. 동생이 바위에 부딪쳐 머리를 심하게 다쳤고 어머니는 손목이 꺾여 왼손을 제대로 쓸 수 없게 되었다. 그날의 토벌작전에서 여러 명의 우리 마을 사람들이 목숨을 잃었다. 내 친구 형은 총알이 어깨에 박힌 채 수십 년을 살았다. 백아산 토벌작전은 더욱 치열해졌고 그곳에 주둔해 있던 빨치산 유격대는 오래 버티지 못하고 지리산으로 옮겨 갔다. 우리 가족은 지리산행을 포기하고 백아산을 떠나기로 했다. 백아산을 찾아갔던 20여 호의 우리 마을 사람들 중에 살아서 나온 사람은 여남은 명에 지나지 않았다.

나는 요즈막 백아산에 자주 간다. 백아산 골짜기마다 6·25의 영혼들이 떠도는 것을 느낄 수 있다. 55년이 지난 지금도 나는 6·25를 소리로 듣는다. 골짜기를 흔든 총소리며 아무도 없는 물방앗간에서 삐끄덕거리며 돌아가는 빈 물레방아 소리, 때로는 피를 토하는 듯한 울부짖음과 죽어 가면서 마지막 내지른 비명이 잠든 나를 벌떡벌떡 일으켜 세우기도 한다. 그때마다, 6·25 때 이유도 없이 억울하게 죽은 사람들의 얼굴이 뙤록뙤록 살아난다. 이제는 잊혀진 그들의 이름을 찾아 주고 떠도는 고혼에 안식을 주기 위한 진혼제를 올려 주어야 할 때라고 생각한다. 역사 속에서 그들의 이름을 되살려 주고 떠도는 고혼을 달래 주기 전에는 6·25는 끝나지 않을 것이다.

4

한국전쟁이 남긴 결과를 먼저 살펴보면, 우선 지적돼야 할 것은 엄청난 규모의 인적 손실이다. 전쟁은 무려 4~5백만에 달하는 인명 피해를 남겼는데, 이것은 당시 남북한 인구 3천만 명의 약 6분의 1, 즉 약 6명당 1명의 한국인이 전쟁으로 인해 손실되었음을 의미한다. 이토록 짧은 기간에 이토록 좁은 영토에서 이토록 집중적으로 많은 인명이 손실된 전쟁, 또는 혁명적 격변은 근대 이후의 세계사에서 그 유례가 그리 많지 않다. 1가구당 최소한 1명의 피해를 말해 주는 이 수치는 당시 한국인 누구도, 어느 가족도 전쟁의 광포성에서 벗어날 수 없었음을 말해 준다. | 박명림, 「한국전쟁의 구조: 기원, 원인, 영향」, 『청년을 위한 한국현대사』(박현채 엮음), 소나무, 1992, 124쪽

전쟁은 대규모 집단학살을 수반했다. 전쟁 초기의 학살로는 형무소 재소자 학살과 보도연맹원 학살이 규모가 컸다. 가장 규모가 큰 집단학살인 보도연맹원 대학살은 경찰과 군에 의해 7월초 평택 부근에서부터 시작되어 북한군이 들어오지 못한 경상남도와 제주도에 이르기까지 전국에 걸쳐서 자행되었다. 이 대학살로 최소한 5만 명 이상, 많으면 10만 명 이상이 희생되었을 것으로 추산된다. 보도연맹원과 형무소 재소자 집단학살은 최고위층의 지시에 의해 이뤄졌다. 학살은 빨치산 등 좌익에 의해서도 자행되었다. | 서중석 지음, 『사진과 그림으로 보는 한국 현대사』, 웅진지식하우스, 2005, 104쪽

전쟁 발발 직전의 좌익사범 처형 장면. '공산 게릴라'로 판결을 받은 39명의 사형수들이
형집행을 위해 결박당하고 있다. 서울 근교, 1950. 4. 14.(85-93 사진은 이도영 박사 제공)

[85]

흰 천으로 눈을 가린 사형수의 심장 부위에는 총구가 조준될 표적을 붙였다.
형집행 후 집행자들이 사망 여부를 확인하고 있다. 서울 근교, 1950. 4. 14.
오른쪽, 사망한 것이 확인되자 운구하기 위해 사형수를 묶었던 새끼줄을 풀고 있다.
서울 근교, 1950. 4. 14.

[86]

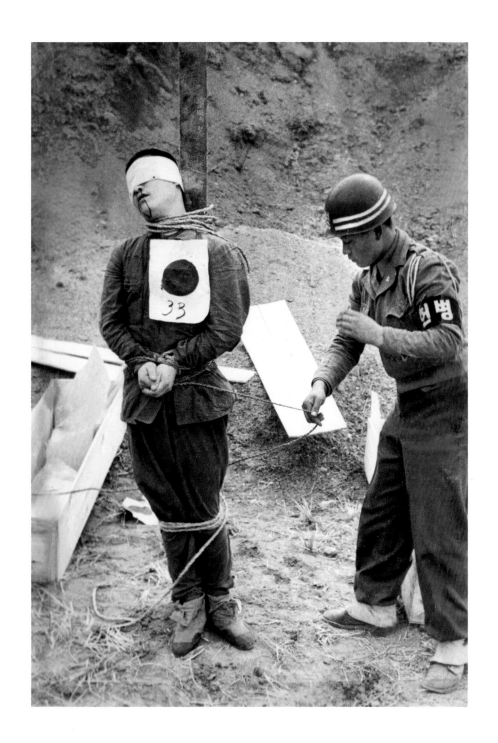

북한군이 물밀듯이 밀고 내려오자 당국은 철수에 앞서
대전형무소에 수감되어 있던 정치범들을 처형하기로 결정했다.
위, 형장에 도착한 정치범들을 트럭에서 끌어내리고 있다. 대전, 1950. 7.
왼쪽, 아비규환 속에서 한 사형수가 용케 살아남았지만
이내 다시 처형되었다. 대전, 1950. 7.

북한군에 부역한 혐의로 연행되어 온 대구 근교 마을 주민들. 이때까지만 해도 이들은
자신들에게 곧 닥쳐올 죽음을 예감치 못한 듯하다. 부역자들은 아무런 재판 절차도
거치지 않고 처형당했다. 대구, 1951. 4.

국군 헌병들이 부역자들을 그들 스스로 판 구덩이에 몰아넣고
사격 준비를 하고 있다. 이를 미 군사고문이 지켜보고 있다. 대구, 1951. 4.

헌병들이 구덩이 속에 몰아넣은 부역자들을 향해 일제히 사격을 가하고 있다.
대구, 1951. 4.

뽕잎 채반 위의 누에처럼 널브러져 있는 숱한 중공군 시신들. 1951. 5. 17.

전쟁 기간중 사람을 죽이는 데는 남과 북, 좌익과 우익, 중공군과 유엔군 가리지 않고 앞장섰다.
북한군은 철수하면서 약 3백여 명의 정치범을 동굴에 감금하고 입구를 막아 질식해 죽도록 했다.
유엔군이 진주한 뒤 유족들이 시신을 수습하고 있다. 함흥, 1950. 10.

대량 학살이 이루어진 곳에서 가족의 시신을 확인하고 오열하는
북한의 할머니. 1951. 5.
오른쪽, 동굴 집단학살 현장에서 수습된 시신 중에서 가족을 확인한 유족들이
울부짖고 있다. 함흥, 1950. 10. 19.

[96]

총격을 받은 피란민들이 논길에 쓰러져 있다.
왼쪽, 3백여 명의 정치범들이 처형된 현장. 대전, 1950. 10. 4.

어느 국군 용사의 무덤. 1950. 7. 5.

한국전쟁 속의 희비극

이호철 소설가·예술원 회원

나는 내 나이 열아홉 살 때 6·25전쟁을 겪었다.

그 당시 나는 북한에서 고3의 학생으로 군문에 동원되어 현재 경상북도의 울진까지 나갔다가 바로 그해 9월 26일 추석날 저녁에 북상하던 한국군과 밤새 일전을 벌였으나, 박격포 중대에 속해 있던 나는 따발총 한 발도 쏘아 보지 못한 채, 이튿날 9월 27일에는 후퇴길에 들어서 태백산 속을 북상해 올라오다가 양양 수리 뒷산을 통해 내려오던 중에 포로로 잡혔던 것이었다.

그때의 내 경험은 바로 연작소설 『남녘사람 북녘사람』으로 써내어 지난 1999년부터 폴란드·일본·독일·프랑스·중국·미국 등의 나라들에 현지어로 번역되어 출간되었고, 2006년 가을에는 스페인에서도 번역 출간될 예정이어서 총 7개국에 번역되어 있다. 그밖에 장편소설 『소시민』도 독일과 멕시코에서 번역 출간되었고, 단편소설집도 미국·프랑스에서 출간되었으며, 중국어·독일어로도 거의 번역이 끝난 상태여서, 내가 겪은 6·25전쟁은 정작 우리나라에서보다도 먼저 세계 여러 나라에 더 많이 알려져 있다고 해도 과언이 아니다.

이리하여 작년(2005)말의 어느 자리에서도 솔직하게 털어놓은 바 있지만, 내가 겪은 6·25전쟁은 내 개인사적으로는 엄청난 불행의 시작이었으나, 그로부터 반세기가 넘은 오늘에 와서는 내 문학의 영광으로 둔갑해서, 나 자신조차 더러는 어리둥절하기도 하여, 그야말로 시간과 세월이 엮어내는 묘미를 한껏 맛보기도 하는 것이다. 따라서 내가 겪은 6·25전쟁을 진짜배기로 맛보려거든, 나의 연작소설 『남녘사람 북녘사람』을 한번 꼭 읽어 보기를 바랄 뿐이다.

아니, 그보다 먼저 바로 얼마 전, 지난 3월에 문화문고에서 펴낸 『소설가 이호철이 겪은 분단 60년의 남북한 사람살이』를 꼭 한번 읽어 보기를 권고해 마지 않는다.

그 책의 첫머리 '작가의 말' 끄트머리에는 이렇게 씌어 있다.

통일?! 남북 통일!? 아직은 멀었습니다. 세상만사 모든 것은 무르익을 대로 무르익어서 비로소 이루어질 때만 제대로 알맹이가 차게 제 모습이 됩니다. 어거지로 될 일이 결코 아닙니다. 남북 통일이라는 우리의 역사도 서푼어치 머리로 기획을 세울 일이 따로 있지, 애당초에 그런 식 일변도로만 접근할 때가 아직은 아닙니다. 이 책은 지난 50여 년 간 이 땅에서 소설을 써 온 저자 자신의 오늘과 마주 선 극히 소략한 문학적 총괄이라는 뜻까지 담겨 있다고 한다면 믿으시겠습니까.
이 책만은, 오늘 남·북 어린이에서 노인에 이르기까지, 6천만 누구나가 꼭히 읽어야 하고 읽히고 싶다는 생각입니다.

하여, 이 자리에서는 '내가 겪은 6·25전쟁'이 아니라, 50여 년 전에 이 나라 산천에서 벌어졌던 그 전쟁의 실상이 과연 어떤 것이었던지, 내 그 책에 실려 있는 전쟁 당시 한국군 하사관이었던 김집 씨가 직접 겪었던 경험, '한국전쟁 속의 희비극 하나'를 다음과 같이 소개하는 것으로 대신해 볼까 한다.

어언 반세기 너머가 흘렀지만 1950년 6월 25일부터 1953년 7월 27일까지 3년여 동안 이어졌던 한국전쟁은 어떤 전쟁이었는가. 3백만의 인명을 앗아가고 1천만 이산가족을 생겨나게 했을 뿐만 아니라, 미군을 비롯한 유엔군과 소위 중국 의용군까지 끌어들이며 국제전으로까지 비화, 미·소간의 제3차대전 직전에까지 이르렀던 참으로 아슬아슬한 전쟁이었다.

하지만 그 전쟁 세부세부 국면 하나하나를 자세히 들여다보면, 지금 이 시각에도 웃지 않고는 못 배길 희극적인 장면도 무수히 많다. 그러나 차마 웃을 수는 없다. 아니, 웃다니?! 싶어지며 울컥 분노 같은 것이 새삼 치솟는다. 그렇게 차마 웃을 수는 없는 웃기는 장면들이 실제 다반사였다는 그 점이야말로 바로 이 전쟁의 가장 큰 특색이었는지도 모른다.

1950년 8월 3일에 한국군 6사단 7연대는 예천 용궁에서 낙동강을 건너 의성군과 군위군의 산봉우리마다 피로 물들이며 영천 신령 부근 최후방어선까지 도달했다고 한다. 그리하여 그 중대가 배치된 곳은 신령에서 의성으로 통하는 고갯길 우측 능선으로 팔공산 정상이 바로 남쪽 정면으로 뚜렷이 보이는 최후방어선의 최북단이었다. 전사자와 부상자는 속출하고 하루 한나절의 전투에 병력이 절반으로 줄어드는 경우도 많았다. 그런 지경이니 소총 중대에서는 사흘만 살아남으면 고참병이고, 일주일만 견디면 신병 서너 명을 거느리는 분대장 역할을 해야만 했다.

그날도 그렇게 여덟 발씩 세 케이스의 실탄과 소총을 걸머멘 신병들이 신령에 도착한 것은 낮 두 시였다고 한다. 주먹밥으로 점심을 먹게 한 다음, 그이는 흰 페인트로 각자의 상의 등 쪽에 군번 끝자리 세 자리부터 쓰게 했다. 서로 아직 성도 이름도 모르는 처지였기 때문에, 누가 전사를 했는지 실종을 했는지 파악하기가 어렵기 때문이었다. 그렇게 새로 들어온 36명의 신병들을 세 개 소총 소대에 고루 배정하려고 전원을 한 줄로 주욱 세우고는 각자에게 1, 2, 3 … 하고 번호부터 붙였다. 그리고는 "1번 2보 앞으로, 2번 1보 앞으로, 3번은 제자리" 하고 호령하였는데, 이게 웬일인가, 한 줄에 12명씩 똑같이 세 패거리로 나누어져야 할 것인데, 그렇게 되지가 않았다. 두 번 세 번 다시 번호를 붙이고 똑같이 호령을 해봐도 여전히 매한가지였다. 한 줄은 12명이고 또 한 줄은 13명, 그리고 나머지 한 줄은 11명이었다.

그제야 바짝 정신을 차리고 뚫어져라, 살펴본즉, 번호를 붙이고 줄을 가를 때, 한 사람이 자기 줄에서 다른 줄로 날렵하게 옮겨 서는 것을 발견하였다. 자연, 이쪽에서는 그 까닭을 물었을밖에. 그러자 늙수그레하게 생긴 그 신병은 눈물부터 그렁그렁해지며, 자기가 섰던 줄의 신병 하나를 가리키며 한다는 말이, "저, 저 놈이 제 아들입니다. 죽어도 같은 부대에서 같이 있다가 죽고 싶으니 꼭 좀 같이 있게 해주십시오" 하더란다.

그이는 깜짝 놀랐다. 아들과 함께 피란 내려가다가 아들이 군에 징발이 되니까 아버지도 같이 따라온 것이 분명했다. 나이를 물었더니 마흔세 살이라고 했다. 똑같은 군복을 입어서인지 나이보다는 젊어 보였지만, 이때 징집되어 나온 태반의 병사들은 스무 살 안팎이어서 이 신병이 아주아주 늙어 보이기는 했다. "당신 같은 영감을 고지에 올려 보낼 수는 없소. 대대 취사반에서 식사 운반이나 해줘야겠소"라고 하고, 그 신병은 취사반에 인계하곤, 곧장 여느 신병들을 몽땅 이끌고 득달같이 전투가 한창인 고지로 올라갔다.

고지에서는 바야흐로 적의 포탄이 집중적으로 퍼부어지고 있었다. 첫 탄환을 장전한 여덟 발을 벌써 다 쏜 신병들 가운데에서는 여기저기서 "분대장님, 총알이 안 들어갑니더. 이 총좀 봐 주이소" 하는 비명소리가 들려왔다.

한바탕 전투가 끝나 신병들의 인원점검을 했을 때는 오후 네 시가 지나 있었는데, 10여 명의 사상자가 나왔다. 부상자말고 전사자의 시신은 네 구였다. 신원을 파악하기 위해 전사자의 등에 써 있을 군번을 살펴보았다. 하지만 흰 페인트가 채 마르기도 전에 전투를 했으니 모두 뭉개져서 어느 시체가 대체 누구인지 알아먹을 수가 없었다.

능선 아래 골짜기에 구덩이를 파고 전사자의 시신을 묻으려고 할 때에 마침 주먹밥 담은 탄약상자를 어깨에 둘러메고 조금 전에 취사반에 배치했던 그 늙은 병사가 올라오고 있었다. 혹여나 싶어 "여보, 이 전사자 중에 당신 아는 사람 있나 보오" 하자, 늙은 신병은 대번에 하얗게 질린 얼굴로, "분대장님 제 아들임다. 이놈 우리 집 5대 독자였음다. 아이구, 우리 집은 이제 워짜노" 하는데, 고지 아래서는 또 한 무더기의 신병들이 올라오고 있더라는 것이다.

어떤가. 반세기 너머 전에 이 땅에서 벌어졌던 6·25전쟁의 실제 정황은 바로 이러했던 것이었다.

5

많은 사람들이 공산주의자로부터 벗어나기를 원했던 것은 사실이다. 1950년 말에 다시 수립된 공산통치는 무자비하였다. 다시 수립된 정권은 일찍이 유엔과 이승만의 하수인에 의해 점령되었던 지역 주민의 충성심을 신뢰하지 않았다. 많은 사람들이 처형되고 투옥되었으며 여러가지 형태로 격리되거나 추방되어야 했다. 많은 사람들은 다시 들어서는 정권이 보복책을 쓸 것이라고 두려워했는데, 그것은 실제로 일어났다. 우리는 이러한 사실을 김책을 포함하는 고위 인사들이 살인을 그만둘 것을 명령했던 것으로부터 알 수 있었다. 사람들이 왜 남쪽으로 이동했는가에 대한, 거의 언급되지 않는 또 하나의 이유는 중공군에 대한 두려움이었다. 그것은 사람들이 중공군에 대해서 무엇인가를 실제로 알았기 때문이라기보다는 중공군 병력의 숫자가 알려지지 않았기 때문이었다. 그러나 영하 40도의 날씨에 곡식은 불타 버리고, 가축들은 도살당한 채 온 마을이 파괴되어 버린 1950~51년 겨울의 북한의 모습이나 흥남(혹은 인천)의 파괴를 목도한 사람이라면 사람들이 왜 이동했는지 다시 생각하지 않을 수 없을 것이다. | 브루스 커밍스·존 할리데이 지음, 차성수·양동주 옮김, 『한국전쟁의 전개과정』, 태암, 1989, 145쪽

한 소녀가 동생을 업은 채 전차 앞에 서 있다.
경기 행주, 1951. 6. 9.

차와 지프가 신작로를 지나고 있다. 갓을 쓴 노인들이 지팡이를 짚고 갓길로 가고 있다.
전쟁은 이렇듯 이 땅을 살아가고 있는 이름 모를 사람들에게 불현듯 다가왔다. 1950. 7. 24.
오른쪽, 한복 입은 두 노인이 담뱃대를 물고 지팡이를 짚은 채
미군들을 물끄러미 바라보고 있다. 1952. 4. 25.

피란길에서 부모를 잃은 아이가 길바닥에 앉아 울고 있다. 1950. 8. 8.
왼쪽, 유엔군의 인천상륙작전이 끝난 뒤 텅 빈 거리에서 한 어린이가 울부짖고 있다.
이 장면은 유엔군이 촬영한 무비 카메라에도 기록되어 전쟁의 잔인한 속살을 그대로 보여주고 있다.
인천, 1950. 9. 16.

어린 남매가 이미 숨을 거둔 엄마의 시신을 붙잡고 길가에서 하염없이 울고
있었다. 마침 이곳을 지나던 영국군과 호주군이 이들을 안전한 곳으로 데려갔다.
왼쪽, 집중포화에 부상당한 소녀를 아버지로 추정되는 보호자가 의무병이 있는
미군 진지로 안고 달려왔다. 캘리포니아 출신의 찰스 뉴튼 해군 소령이
이 두 살짜리 소녀의 상태를 살펴보고 있다.

네이팜탄에 맞아 부상당한 북한 여성과 아이.
오른쪽, 아이에게 젖먹이고 있는 부상당한 어머니에게
국군 병사들이 붕대를 감아 주고 있다.

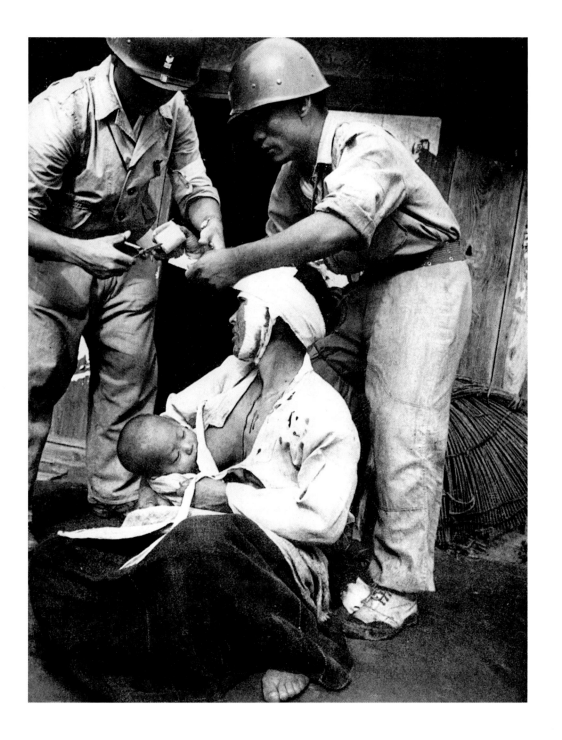

한 미군 병사가 안양에서 전투중 눈먼 소녀를 돕고 있다. 소녀는 왼쪽 다리마저 절고 있었다.
때때로 전쟁중에 부모를 잃은 아이들은 극심한 고통을 겪으며 홀로 살아가야만 했다. 전쟁이 잔인하다는 것은
아이들은 전쟁의 부조리에 저항조차 할 수 없기 때문이다. 안양, 1951. 2. 5.

미군 병사가 소녀에게 음식을 먹이고 있다.
아마도 고아였을 이 소녀는 전쟁의 피해를 입은 무수한 아이들 중 하나일 것이다.
1950-51년 기간 동안 전쟁으로 황량해진 자연의 모습이 사진에서 명확히 드러난다.
이 사진은 보안상의 이유로 1970년대 중반까지는 공개가 제한되었다. 수원, 1951. 2. 5.

미군 제25보병 사령부에서 양자로 삼은 고아 리틀 조가
미군 병사와 함께 즐거운 시간을 보내고 있다.

봉일천초등학교 어린이들이 미 해병대 장병들에게
감사의 위문공연을 하고 있다. 파주 금촌.

강추위 속에 피란민들이 한강 둔치에서 나룻배와 뱃사공을 기다리고 있다.
서울 한강, 1951. 1.
오른쪽, 매서운 추위 속에 끝없이 이어진 1·4후퇴 피란 행렬, 피란민들이 봇짐을 지고
남쪽으로 내려가고 있다. 1951. 1.

한 남정네가 병중인 시각장애인 아내를 지게에 지고 피란을 떠나고 있다. 1950. 9.
오른쪽, 늙은 아버지를 업고 가는 아들. 이러한 장면은 전쟁 기간중 곳곳에서 쉽게 볼 수 있었다.
얼음이 둥둥 떠내려가는 차가운 강물을 건너는 이들 부자의 모습이 가슴 뭉클하다.
청주, 1951. 1. 14.

철수하는 수송선(LST)을 타기 위해 부둣가에 몰려든 피란민들.
흥남, 1950. 12. 19.

억류된 북한 주민들. 1951. 10. 1.
오른쪽, 북한군 포로와 북한군 부역 혐의로 체포된 이들이 함께 식사를 하고 있다.
경기 구리, 1951. 1. 12

포고문이 붙은 벽을 등지고 사과를 파는 노점상들.
아낙네들은 일상에 대한 이야기를 나누며, 생계를 이어가야 하는
고단함을 잠시 잊는 듯하다. 원산, 1950. 11. 1.

[130]

부녀자들이 미군 부대 근처 천막에서 미군들의 세탁물을
손빨래하고 있다. 1954. 3. 3.

북한의 한 여성이 파괴된 건물에서 주운 목재를 이고 집으로 향하고 있다.
전쟁중에는 땔감도 매우 귀했다. 원산, 1950. 10. 31.

언제 떠날지 모르는 피란민을 실어 나르던 무개 화물열차,
피란민들이 플랫폼에 내려 취사를 하고 있다.

미군 병사가 어린이들에게 초콜릿을 나눠 주고 있다. 1951. 7. 9.
오른쪽, 전쟁은 모든 걸 삼켜 버렸다. 학교 교실마저도 불타 버렸다. 엄마가 일터로 가자 소녀는 하는 수 없이
동생을 데리고 학교로 가서 운동장에서 수업을 받고 있다. 서울 은평, 1950. 10.

한 소년이 잠이 든 어린 여동생을 업고 있다. 인천, 1952. 10. 2.
오른쪽, 폐허의 한복판에 앉아 있는 소년. 헤아릴 수 없이 많은 아이들이 전쟁고아가 되었고,
그중 다수는 목숨을 잃었다. 이 소년은 교복 상의를 입고 있지만 단추가 제각각인 걸 보니 그 옷마저 많이 낡았음을 알 수 있다.
이 소년이 한때는 학생이었다 전쟁고아가 된 것인지, 아니면 교복만 구해 입은 것인지는 알 수 없다. 인천, 1952. 10. 2.

소녀들이 동구 밖에서 놀고 있다. 전쟁중 헐벗고 굶주린 소녀들이지만
그들의 입가에는 천진난만한 웃음이 떠나지 않고 있다. 원산, 1950. 10. 31.
왼쪽, 시골 초가집 양지바른 처마 밑에서 두 소년이
정답게 이야기를 나누고 있다. 1951. 11. 18.

책을 읽고 있는 두 소년. 오른쪽 소년의 교복은 그의 집안이
소년을 학교에 보낼 만한 형편이 되었음을 보여준다. 1953.
왼쪽, 전쟁으로 학교 교실이 잿더미가 되자 초등학교 3학년 아이들이
불타 버린 교실 터에서 수업을 받고 있다. 서울, 1953. 10. 22.

전쟁 기간중 피란민들은 전선이 바뀔 때마다 피란 봇짐을 싸야 했다.
부녀자들만 남은 피란민들이 아이들을 앞세워 또다시 피란길에 올랐다.

6

해군 소장 스미스는 다음과 같이 말했다. "밤낮 없이 폭격했다. … 그것은 아마도 한 도시에 이루어진 함포 공격이나 공중 폭격으로는 역사상 최장시간일 것이다." 그는 동해안에서 가장 큰 도시인 원산에서의 삶을 다음과 같이 묘사했다. "원산에서는 길거리를 걸어 다닐 수 없다. 24시간 내내 어느 곳에서도 잠을 잘 수 없다. 잠은 죽음을 의미했다." | 브루스 커밍스·존 할리데이 지음, 차성수·양동주 옮김, 『한국전쟁의 전개과정』, 태암, 1989, 158쪽

물적 손실의 경우 인적 손실 못지않은 결과를 가져왔다. 존재하는 한 사회의 완전한 파괴였다. … 이러한 파괴의 기본은 의심의 여지없이 미군의 폭격이었다. 파괴의 정도는 미군들의 폭격을 더 집중적으로 받았던 북한 지역에서 심각했다. 전쟁이 끝났을 때의 북한의 생산력을 전쟁 직전인 1949년의 생산력과 비교하면, 전력 공업은 74퍼센트, 연료 공업은 89퍼센트, 야금 공업은 90퍼센트, 화학공업은 77퍼센트가 감소하였고, 철광석·시멘트·화학비료 생산시설 등은 완전히 파괴되었다. 다른 부분도 사정은 거의 비슷했다. 거의 완전한 파괴였다. | 박명림, 「한국전쟁의 구조: 기원, 원인, 영향」, 『청년을 위한 한국현대사』(박현채 엮음), 소나무, 1992, 127쪽

미 B-29 편대의 선두기로부터 폭탄이 계곡 아래로 투하되고 있다.
이 폭격은 공군 제19폭격대의 1백50번째 출격이었다.

미군기가 야적장의 보급품과 군수물자를 실은 열차에
폭격을 가하고 있다. 함남 마산리, 1950.
왼쪽, 미군 폭격기들이 북한군 진지에 융단폭격을
가하고 있다. 1950. 8. 14.

[147]

유엔군의 폭격으로 벌집이 된 함흥 근교. 1950. 11.

서울 수복 기념식에 맥아더 원수가 참석한다고 중앙청 주변의 경비가 삼엄하다.

서울, 1950. 9. 29.

[150]

유엔군의 밤낮없는 폭격으로 도시 전체가 파괴되고 건물은 불타서
기둥과 굴뚝 일부만이 남았다. 원산, 1950. 11. 20.

[151]

"1950년 7월 20일 W. F. 딘 장군의 감독하에 폐기"라고 씌어진
고장난 T-34탱크 위에 한 소녀가 올라가 있다.
이 탱크는 딘 장군을 기념하기 위한 것이었다.

내가 겪은 6·25전쟁

전상국 소설가

유년의 각인된 기억은 그 사람의 인생관이나 삶의 방식에 어떤 형태로든 작용한다고 본다. 바꿔 말하면 사람은 때로 자신이 처한 상황에 대처할 때 무의식적이나마 유년의 어떤 기억에 의존할 수도 있다는 것이다.

초등학교 4학년, 열 살 나이에 전쟁이 터졌다.

전쟁이 나기 몇 달 전으로 기억한다. 읍내 경찰서 뒷마당에 잡아다 놓았다는 '빨갱이'를 보기 위해 아이들과 함께 경찰서 담벼락에 매달렸다. 어른들이 말하는 빨갱이란 도대체 어떻게 생긴 괴물인가.

그러나 우리는 그날 경찰서 뒷마당에 포승에 묶인 채 앉아 있는 대여섯 명의 남자 어른들을 보았을 뿐이다. 더 맥빠지는 일은 그 빨갱이 속에 우리 이웃집 아저씨가 끼여 있었다는 사실이다.

아마 그 무렵이었을 것이다. 우리 아버지 또한 경찰서에 잡혀 들어가 꽤 여러 날 돌아오지 않았다. 그때의 암울했던 집안 분위기를 잊을 수가 없다. 아버지가 집에 돌아왔을 때는 입고 나갔던 옷이 피투성이가 된 채 둘둘 말려 있었다. 아버지가 무슨 연명 문서에 이름을 남겼기 때문이라는 어른들의 귓속말을 흘려들었었을 뿐 나는 이제까지 그 사건의 경위에 대해 아는 바가 없다. 그 일에 대해 더 이상 아는 것이 겁났기 때문이다.

여름, 난리가 터져 피란을 나가는 중 북쪽 병사들이 타고 온 트럭이 우리를 앞질렀다. 여름 햇살은 따가웠고 흙먼지가 풀풀 날리는 신작로 위에서 나는 휘발유 냄새와 함께 북쪽에서 내려온 병사들의 낯선 군복에서 후끈 풍기는 땀냄새를 맡았다.

북에서 내려온 병사들이 피란민 대열을 가로막고 좋은 세상이 왔으니 이제 안심하고 집으로 돌아가라고 했다. 나는 여름날 신작로 위에서 이제까지 눈에 익숙했던 풍경들이 느닷없이 달라져 보이는, 그 생경스럽고 섬뜩했던 느낌으로 전쟁 냄새를 맡았던 것이다.

세상이 바뀐 것이다. 아버지는 얼마 전의 그 일로 겁을 먹은 탓인지 시골 친척 집에 숨어 모습을 보이지 않았다. 전쟁이 나자 우리 아버지처럼 사람들 앞에 나서기를 두려워하는 어른들이 있는가 하면 팔에 붉은 완장을 두르고 살기등등하여 읍내를 휘젓는 어른들도 있었다.

내가 북한군 병사를 처음으로 가까이 본 것은 우리 집 마루에 걸터앉아 여봐란 듯이 자기 키만큼 긴 총을 내게 보여주다가 오발 사고를 낸 한 열예닐곱 살쯤 돼 보이는 빡빡머리 소년 병사였다. 그날 이후 나는 북한군 생각만 하면 그날 자신이 낸 총소리에 놀라 나와 함께 마루에 나자빠졌던 그 어린 병사의 얼굴부터 떠올랐다.

전쟁 공포 중 가장 구체적인 것은 멀리에서 소리부터 들려오는 폭격기의 출현이었다. 어느 날은 읍내 상공에 비행기가 나타나자 아이들은 그전처럼 삐라를 뿌리는 줄 알고 비행기를 따라가다가 혼비백산했다. 그날 비행기에서 던져진 것은 삐라가 아니라 읍내 다리를 끊기 위한 폭탄세례였다. 그 폭격으로 일제시대 놓은 읍내 다리가 두 동강이 났다.

그날부터 시작된 유엔군 비행기 폭격을 피해 읍내에서 멀리 떨어진 향리 물걸리로 피란을 갔다. 거기서 태어나 여섯 살까지 내가 살았던 내 고향 물걸리 역시 전쟁의 소용돌이 속에 인심이 흉흉했다.

무서웠다. 밤은 밤대로, 낮은 낮대로, 낯선 사람은 낯설어서, 아는 사람은 알기 때문에 무서웠다. 다른 세상을 만나 살기 띤 눈으로 기세등등하던 어른들이 그해 9월쯤에는 그동안 모습을 감추고 있던 마을 청년들한테 잡혀 죽임을 당했다.

마을 사람들의 칼에 찔린 자식이 빠져나온 창자를 끌어안고 신음하다가 죽자 그 시신을 부둥켜안고 밤새 절규하던 그 어머니의 울음소리가 지금도 생생하다.

그해 가을 퇴각하는 북한군 패잔병을 잡기 위해 길목을 지키고 숨어 있던 어른들의 살기 띤 눈만 봐도 우리는 오줌이 마려웠다. 마을 사람들한테 붙잡힌 북한군 하나가 품속에서 꼬깃꼬깃한 태극기를 꺼내 만세를 부르면서 살려달라고 애원하던 모습도 기억난다. 우리 집 부엌에 숨어들었던 북한군 병사가 마을 청년들한테 잡혀 나가면서 나를 바라보던 그 절망적인 눈빛도 잊을 수 없다.

그렇게 붙잡힌 북한군 패잔병들은 진격해 오는 국군에게 인계되기도 했지만 당시의 급박한 상황에 의해 대부분 마을 인근 골짜기로 끌려가 땅속에 묻혔다.

어른들이 북한군을 산속에서 그렇게 처치하고 돌아온 밤은 유난히 마을 사람

전체가 공포에 떨었다. 북한군 부대가 곧 마을로 들이닥쳐 그 보복을 할 것이라는 소문 때문에 마을 사람 모두가 산속에 숨은 채 밤을 새웠던 날도 있었다.

사람 목숨이라는 게 정말 별게 아니었다. 총에 맞고 칼에 찔리고, 비행기 폭격에 온 가족이 살점을 흩뿌리며 죽었어도 사람들은 슬퍼하지 않았다. 죽어 가는 사람들이나 그것을 보는 사람들 눈에는 그냥 원초적인 증오심과 동물적 공포감만이 번뜩였을 뿐이다.

겨울 전쟁이 난 그해 1월은 강원도에 유난히 눈이 많이 내렸다. 그야말로 민족의 대이동이 그 눈길 위에 길게 이어졌다.

우리 가족도 부엌 바닥에 세간을 대충 묻고 피란민 대열에 끼었다. 홍천 삼마치 고개에는 그 전날 적의 선발대 공격을 받아 죽은 수십 구 시체들이 눈 속에 그대로 나뒹굴고 있는 게 보였다.

눈길 속의 피란길은 하루 이십 리 이상을 걷지 못했다. 아버지는 가족들이 들어가 잠을 잘 수 있는 방을 얻기 위해 식구들을 길에 세워 놓은 채 멀리 떨어져 있는 산 밑 마을을 헤맸다. 운이 좋으면 방 하나에 수십 명이 함께 잘 수 있는 집을 찾을 수 있었지만 대부분 마당에 화톳불을 피워 놓고 둘러앉아 밤을 새웠다.

전쟁의 공포 속에서도 아이들은 배가 고팠다. 배고픔은 전쟁의 또 다른 공포였다. 겨울 피란, 1·4후퇴 당시, 살기 위해서 모든 것을 버린 채 남쪽을 향한 그 도도한 흐름을 이룬 피란민 대열 속에서 나는 춥고 배고파 울었다. 눈 속에 버려진 죽은 어린애의 푸르뎅뎅하게 언 손가락을 내려다보며 그 곁에서 얼음덩이 같은 주먹밥을 아귀아귀 씹던 기억도 있다. 피란민 수용소에서는 가족 수대로 안남미

배급이 나왔는데 한 줌이라도 더 타려고 엊그제 죽은 가족을 이불로 덮어 놓은 채 며칠 동안이나 치우지 않던 사람들도 보았다.

피란중 식구들이 둘러앉아 밥을 먹는 시간에 숟갈을 늘 먼저 놓는 이는 언제나 어머니와 할머니였다. 그 다음이 아버지였다. 어머니가 시내에서 구걸해 온 바가지 밥을 동생들보다 더 먹으려고 허둥대는 나를 내려다보며 아버지가 말했다. 사람은 세 숟갈만 더 먹었으면 할 때 밥숟갈을 놓을 줄 알아야 한다. 그래서 피란중 나는 내내 배가 고팠다.

전쟁중에는 으레 전염병이 돌게 마련이다. 피란민 수용소에는 심한 이질이 돌아, 사람들은 배를 움켜쥔 채 아무 데나 엉덩이를 까고 설사를 했다. 그해 초여름에는 속칭 염병이라는 장질부사로 해서 숱한 사람들이 죽었다.

내 동생 상하도 피란지에서 죽었다. 어느 날 나는 내가 쓰고 있던 고깔모자가 없어진 것을 알았다. 고깔모자를 찾는 내게 할머니가 말했다. "네 동생이 쓰고 갔다." 꽁꽁 언 땅에 동생을 묻을 때 할머니가 내 고깔모자를 그 애 머리에 씌워 보냈다는 얘기였다.

청주 관터라는 피란처에서 전염병 환자라고 쫓겨 간 곳이 어느 큰 강변의 폐광촌 움막이었다. 우리 가족 모두가 장질부사를 앓아 누웠을 때 우리 병구완을 해준 아저씨가 한 분 있었다. 피란중에 가족 모두를 잃고 이불솜 하나만을 달랑 지게에 지고 우리 가족과 함께 피란을 다니던 김응수란 아저씨였다. 그 아저씨는 앓아 누운 우리 가족을 위해 강바닥에서 뜯어 온 풀로 죽을 쑤어 먹이는 등 우리 식구를 모두 살려낸 은인이다.

청주 근처 그 광산촌에서 장질부사를 앓을 때, 바로 우리 옆의 움막에서도 사람이 죽었다. 두 아이를 데리고 피란을 나온 만삭의 아낙네가 해산을 한 뒤 배가 고파 실성을 한 끝에 낳은 아기를 끓는 물 속에 집어넣은 것이다. 결국 그 아낙네도 죽고 말았는데 경찰 가족으로 아버지마저 만나지 못한 그 집의 어린애들 둘이 움막 앞에 쪼그려 앉아 볕쪼임을 하던 모습이 지금도 생생하다.

내 나이 또래의 그 아이들은 지금 어디서 어떤 모습으로 살아가고 있는 것일까.

수복이 되어 고향에 돌아왔지만 읍내는 온통 폐허가 되었고 우리 집이 있던 자리에는 헌병대 막사와 철조망이 겹겹이 쳐져 있었다. 다시 찾아간 곳이 향리 물걸리의 장수원 마을이었다.

나는 물걸리에 들어와 마을 아이들한테 기가 팍 죽었다. 그것은 겨울 난리를 피란도 가지 않은 채 현장에서 치러낸 아이들의 그 칠칠한 목격담 때문이었다.

마을 아이들은 내가 보지 못한 중공군을 보았고, 중공군들이 타고 다니던 말과 코가 큰 외국 병정들이 마을을 지나가며 던져 주던 레이션 박스 얘기로 나를 기죽였다.

동네 아무개집 며느리가 외국 병정한테 난행을 당한 뒤 목매달아 죽었기 때문에 베어 버렸다는 왜갈봉의 그 소나무 밑동 근처를 지날 때마다 나는 혀를 길게 빼문 그 아낙네를 만나곤 했다.

나는 아이들이 본 것을 직접 보지 못한 열등감을 벗어나기 위해서도 나보다 큰 아이들이 벌이는 전쟁놀이에 기를 쓰고 끼어들었다. 꼭 쥐똥 같은 화약을 한 자루씩 쌓아 놓고 불을 지르는가 하면, 실탄을 장전하고 그대로 발사할 수 있는 총까지 만들어 메고 다니며 실전이나 다름없는 전쟁놀이를 했다. 총열이 터져 코가 날아간 친구도 있었고 중공군이 쓰던 방망이 수류탄을 물에 잘못 던져 손목이 날아간 아이도 있었다.

때로는 밤을 이용해 중공군이 수천 명 불타 죽었다는 솔치골까지 올라가 그들이 쓰던 수통이나 칼 등을 전리품으로 챙겨 오는 담력놀이도 했다.

휴전이 되던 그해 가을인가, 우리가 임시로 머물러 살고 있는 물걸리 우리 집에 열 살짜리 사내애가 하나 나타났다. 할머니가 그 애를 끌어안고 울었다. 고모의 아들, 즉 내 고종사촌 동생이었다. 동생은 충남 서산 해미라는 곳에서 의사로 일하다 아버지가 좌익으로 몰려 행방불명이 되자 거기에서 살길이 없어 그렇게 달랑 혼자서 외갓집을 찾아왔던 것이다. 허허벌판, 수천 리 그 먼 길을 혼자 달려 온 고종사촌 동생의 입을 통해 들은 철사로 손이 묶인 채 끌려갔다는 우리 고모부의 그 죽음이 그날부터 내 안에 자리잡았다.

전쟁중에 내 눈으로 직접 본 몇 개의 죽음으로부터 나는 자유롭지 못했다. 직접 보지 못한 더 많은 죽음들이 나를 찾아왔다.

데뷔작 「동행」부터 나는 내가 만드는 이야기 속에 어렸을 때 직접 보았거나 아니면 그냥 전해 들은 죽음을 그려내는 일에 탐닉했다. 그렇게 하지 않고는 이야기가 잘 풀리지 않을 것 같은 강박에 쫓기기도 했다.

어쩌면 나는 내 유년시절에 각인된 그 죽음의 기억들을 소설 만드는 밑천으로 삼았는지도 모른다. 나는 그렇게 6·25전쟁의 악령에 사로잡혀 있었던 것이다.

악령들은 내 영혼의 밑바닥에서 낄낄거리며 나를 유혹했다. 그러할 때 나는 기꺼이 마음을 열고 6·25의 악령들과 교접했다. 때로는 가슴 답답함, 절망, 혐오, 울분이 따르는 그 악령들과의 교접은 언제나 그 고통에 값하는 신명을 가져다주었다. 그런 의미에서 작가는 무당일 수밖에 없다.

내가 한때 6·25적 소재의 동어반복에 신명을 낸 것도 결국은 내 속에 깃든 악령들의 시킴에 의한 것이라고 봐도 좋을 것이다.

어린 시절에 겪은 전쟁은 다소 낭만적인 모습으로 각인되지 않았을까 싶다. 어느 편에 서야 했던 전쟁의 당사자가 아니기 때문에 좀더 객관적인 눈을 가질 수 있었다는 뜻이기도 하다. 그것은 피상적 이데올로기에 의한 위해의 희생자들에 대한 깊은 연민을 낳게 마련이다. 가해와 피해의 악순환에 의해 결국 우리 모두가 전쟁의 피해자라는 소박한 역사 인식이라고 할 수 있다.

지금도 나는 내가 선택한 문학의 길 위에서 내 삶을 돌아보게 하는 악령들의 소리를 듣고 있다.

7

1953년 7월 27일, 휴전협정이 조인되었다. 영원히 계속될 것만 같았던 민족상잔의 전쟁도 3년으로 끝났다. 얼마나 많은 동포가 서로 쏘고 찌르고, 죽고 죽였는가! 얼마나 많은 동포가 남북에 들어온 외국 군대의 폭격으로 살상되었는가. 가뜩이나 가난한 겨레의 재산이 잿더미로 화해 버렸으니 살길이 막막하였다. | 이영희, 『분단을 넘어서』, 한길사, 1984, 304쪽

3년 1개월 동안 계속된 6·25전쟁은 쌍방에서 약 150만 명의 사망자와 3백60만 명의 부상자를 내었다. 그리고 안으로는 민족 분단을 더욱 확실히 하고 남북의 두 정권이 독재체제로 나아가게 하는 큰 계기가 되었으며, 밖으로는 동서의 냉전을 격화시키는 하나의 고비가 되었다. 또한 미국과 일본의 강화조약 및 미·일의 안정보장체제를 재촉하는 결정적인 기회가 되었고, 일본에게 전쟁경기를 가져다주어 그 고도성장을 위한 기초를 이루게 했으며, 일본의 재군비를 재촉하는 계기의 하나가 되었다. | 송건호, 『한국현대사』, 창작과비평사, 1984, 181쪽

두 다리를 잃은 중공군이 판문점의 송환 지역에서
고향으로 가는 첫걸음을 떼고 있다.

"동무는 어느 쪽으로 가겠소?"
"중립국."
그들은 서로 쳐다본다. 앉으라고 하던 장교가, 윗몸을
테이블 위로 내밀면서, 말한다.
"동무, 중립국도 마찬가지로 자본주의 나라요. 굶주림과
범죄가 우글대는 낯선 곳에 가서 어쩌자는 거요?"
"중립국."
....

최인훈, 『광장』, 문학과지성사, 1980

귀환을 거부하는 포로와 설전을 벌이는 북측 대표.
판문점, 1954. 2. 16.

북한으로 돌아가는 북한 여군 포로들이 열차 밖으로 인공기와 플래카드를 내걸고
구호를 부르짖고 있다. 1953. 8. 6.

[166]

필자 약력

김원일(金源一) 1942년 경남 김해군 진영읍 출생으로 단국대학교 대학원에서 문학석사 학위를 받았다. 1966년 대구 『매일신문』의 매일문학상에 단편소설 「1961년 알제리아」가 당선되었으며, 1967년 『현대문학』 제1회 장편소설 공모에 「어둠의 축제」가 준 당선되며 등단하였다. 1973년 자신의 가족사를 보편화시킨 「어둠의 혼」을 발표하면서 문단의 주목을 받기 시작하였다. 이후 한 가족의 가족사에 깊게 새겨진 분단의 상처를 주제로 한 「노을」(1978), 「미망」(1982), 「마당 깊은 집」(1988) 등과 광복 직후와 한국전쟁 시기의 한국사회를 총체적으로 형상화한 「불의 제전」(1980), 「겨울골짜기」(1987) 등의 소설을 발표하였다.

문순태(文淳太) 1941년 전남 담양 출생. 조선대 국문과 및 숭실대 대학원을 졸업했다. 1965년 『현대문학』에 「천재들」로 추천받아 시인으로 문단에 등단한 후, 1974년 『한국문학』에 백제 유민의 한을 그린 단편 「백제의 미소」가 당선되면서 소설가로 등단하였다. 그의 대표작으로는 「징소리」(1978) 연작을 비롯하여 「걸어서 하늘까지」(1979), 「타오르는 강」(1980), 「철쭉제」(1981), 「피아골」(1982-1984), 「문신의 땅」(1987), 「녹슨 철길」(1989) 등이 있다.

이호철(李浩哲, 1932-2016) 함남 원산 출생. 원산중학을 졸업하고, 1950년 인민군으로 한국전쟁에 참가하였다가 월남하였다. 1955년 단편소설 「탈향」이 『문학예술』에 추천되면서 작품활동을 시작하였다. 초기에는 전쟁의 상흔을 섬세한 필치로 묘사한 「나상」(1957), 「탈각」(1959), 「만조」(1959) 등의 단편소설을 발표하였다. 이들 작품에는 손자를 전쟁에 보낸 할멈, 싸움의 명분도 의욕도 잃고 행군하는 인민군 형제의 아이러니컬한 모습, 고통 속에 살아가는 전쟁 고아 등 전쟁의 잔해가 담겨져 있다.

전상국(全商國) 1940년 강원도 홍천 태생. 경희대 국문학과 및 동 대학원을 졸업하였다. 1963년 조선일보 신춘문예에 단편 「동행」이 당선되어 등단, 1974년 『창작과비평』에 「전야」를 발표하면서 본격적인 작품활동을 시작하였다. 등단작인 「동행」에서 「아베의 가족」(1979), 「길」(1985) 연작에 이르는 그의 분단 소설들은 전쟁의 폭력성과 그로 인한 상처들을 증언하고 있다.

참고문헌

김현수 정리, 「전후 세계체제의 변화와 한반도」, 송건호·박현채 외 지음, 『해방 40년의 재인식·1』, 돌베개, 1985

김성칠 지음, 『역사 앞에서』, 창작과비평사, 1993

박명림 지음, 「한국전쟁의 구조: 기원, 원인, 영향」, 박현채 엮음, 『청년을 위한 한국현대사』, 소나무, 1992

박완서 지음, 『미망』, 문학사상사, 1992

박태균 지음, 『한국전쟁』, 책과함께, 2005

브루스 커밍스·존 할리데이 지음, 차성수·양동주 옮김, 『한국전쟁의 전개과정』, 태암, 1989

서중석 지음, 『사진과 그림으로 보는 한국현대사』, 웅진지식하우스, 2005

송건호 지음, 『한국현대사』, 창작과비평사, 1984

안천 지음, 『남침유도설 해부』, 교육과학사, 1994

이영희 지음, 『분단을 넘어서』, 한길사, 1984

존 메릴 지음, 이종찬·김충남 편역, 『새롭게 밝혀낸 한국전쟁의 기원과 진실』, 두산동아, 2004

최인훈 지음, 『광장』, 문학과지성사, 1980

페렌 바하 지음, 안동림 옮김, 『한국전쟁』, 현암사, 1976

『한국문학대사전』, 2014

사진자료

미 해외참전용사협회 엮음, 박동찬·이주영 옮김, 『그들이 본 한국전쟁 1·2·3』, 눈빛, 2005

박도 엮음, 『지울 수 없는 이미지 1·2』, 눈빛, 2004, 2006

한국언론자료간행회 편저, 『한국전쟁 종군기자·2』, 한국언론자료간행회, 1987

Patrick Dowdey, Editor with Contributions by Bruce Cumings, John Kie-chiang Oh and Wei Hsin Gui, *Living Through the Forgotten War: Portrait of Korea*, Mansfield Freeman Center for East Asian Studies at Wesleyan University & The Korea Society, 2003

Robert J. Dvorchak and the Writers and Photographers of the Associated Press, *The Battle for Korea: the Associated Press History of the Korean Conflict*, Combined Books, 1993

Pfc. Allison Sherrod, Army

Pfc. Eugene Fox, Army

Sgt. E. Marques, Army

T/Sgt. Frank Sewell, First Marine Division

Cpl. J. J. Mcginty, Army

T/Sgt. James W. Helms, First Marine Division

T/Sgt. John C. Slockbower, First Marine Division

Cpl. Sommer, Army